KENSHIN
LE VAGABOND

de Watsuki Nobuhiro

VOLUME 1

KENSHIN LE VAGABOND
«RUROUNI KENSHIN»
© 1994 by Nobuhiro Watsuki
All rights reserved.
First published in Japan in 1994
by SHUEISHA Inc., Tokyo.
French translation rights in France
arranged by SHUEISHA Inc.

Edition française :
Traduction : Wako Miyamoto / Olivier Prézeau
Adaptation graphique et lettrage : Digibox
© 1998, Editions Glénat
BP 177, 38008 Grenoble Cedex.
Domaine d'application du présent copyright :
France, Belgique, Suisse, Luxembourg, Québec.
ISBN : 2.7234.2581.9
ISSN : 1253.1928
Dépot légal : septembre 1998

Imprimé en France par Maury-Eurolivres
45300 Manchecourt

KENSHIN
LE VAGABOND

TABLE DES MATIÈRES

KENSHIN LE VAGABOND
CHRONIQUE D'UN EXPERT EN
SABRE À L'ÈRE MEIJI.

VOLUME 1

●

+

BONUS DE FIN DE VOLUME,
CHRONIQUE D'UN EXPERT EN
SABRE À L'ÈRE MEIJI

Scène 1 - "Kenshin, dit Battosaï Himura"

IL Y A 140 ANS, KYÔTO ÉTAIT PRIS DANS LE TOURBILLON MOUVEMENTÉ DE LA FIN DE L'ÈRE EDO, UNE ÉPOQUE D'OUVERTURE SUR LE MONDE, MARQUÉE NOTAMMENT PAR L'EMBARQUEMENT DES "NAVIRES NOIRS" DIRIGÉS PAR LE COMMANDANT PERRY.

UN HOMME APPELÉ BATTOSAÏ HIMURA VIVAIT ALORS À KYÔTO.

CET HOMME, L'UN DES PRINCIPAUX ACTEURS DE LA NOUVELLE ÈRE MEIJI MAIS AUSSI L'UN DES ASSASSINS LES PLUS IMPORTANTS DE L'ÉPOQUE...

AVEC LE TEMPS, IL DEVINT UNE VÉRITABLE LÉGENDE : ON LE SURNOMMA "BATTOSAÏ L'ASSASSIN".

... DISPARUT DÈS LA FIN DE LA GUERRE CIVILE.

... EN 1878, À TÔKYÔ...

CETTE HISTOIRE COMMENCE...

Scène 1 - "Kenshin, dit Battosaï Himura"

BATTOSAÏ, ASSASSIN !!

JE VAIS ENFIN POUVOIR METTRE UN TERME À TOUS CES MEURTRES QUI ONT LIEU DANS NOS RUES !

PRÉPARE-TOI !

ZooF

JE T'AI ENFIN TROUVÉ...

OYO !

9

VOUS N'ÊTES
TOUS QUE DES
MAUVIETTES !!

DES
MAUVIETTES !!

VOUS ÊTES
BIEN TROP
FAIBLES !!

...
BATTOSAÏ,
L'HOMME
DE LA
LÉGENDE !

C'EST
SÛRE-
MENT...

IL...
IL EST
TROP
FORT !

13

PFF !

VOUS ÊTES VRAIMENT IMPOSSIBLE !!

JE CROIS QUE JE ME SUIS DÉMIS LA HANCHE.

AÏE

AÏE

AÏE

OUGH

JE SUIS BATTOSAÏ !

BATTOSAÏ HIMURA DE L'ÉCOLE DE L'ESPRIT VIVANT KAMIYA !!

ON M'APPELLE BATTOSAÏ L'ASSASSIN !!

ARGH

CHOPF

ATTENDEZ !

ATTENDS !

SCHFF

CE BRIGAND COMMET DES MEURTRES SOUS LE COUVERT DU NOM DE **MON** ÉTABLISSEMENT !!

POURSUIVRE UN HOMME ALORS QUE VOUS ÊTES BLESSÉE, C'EST TRÈS DANGEREUX.

INUTILE DE VOUS PRESSER... IL A RÉVÉLÉ LE NOM DE SON ÉCOLE.

MAIS NON ! L'ÉCOLE DE L'ESPRIT VIVANT KAMIYA EST **MON** ÉCOLE !!

JE VOUS AI DIT PAS MAINTENANT.

CHOPF

SI JAMAIS JE L'ATTRAPE, JE LE...

DÔJO DE KENDÔ, ÉCOLE KAMIYA

DE TOUTE FAÇON, IL DOIT DÉJÀ ÊTRE LOIN.

FILONS AVANT QUE LA POLICE N'ARRIVE !

ÉCOLE DE L'ESPRIT VIVANT KAMIYA...

MAÎTRE ADJOINT : KAORU KAMIYA.

C'EST TOUT ?

À L'ORIGINE, CE N'ÉTAIT QU'UNE PETITE ÉCOLE...

ON NE COMPTAIT QU'UNE DIZAINE DE DISCIPLES, MAIS NOUS ÉTIONS TOUS TRÈS UNIS.

OYO ?

LES GENS DE LA VILLE N'OSE MÊME PLUS APPROCHER LE DÔJO.

LES DISCIPLES ONT FUI UN PAR UN, TERRORISÉS PAR LE NOM DE BATTOSAÏ.

MAIS À CAUSE DES MEURTRES EN SÉRIE, TOUS SONT PARTIS EN L'ESPACE DE DEUX MOIS.

* ÉCOLE DE L'ESPRIT VIVANT KAMIYA
** LE NOM DU MAÎTRE, DE SES ADJOINTS ET DISCIPLES.

BATTOSAÏ L'ASSASSIN TERRORISE TOUT LE MONDE, MALGRÉ L'AVÈNEMENT DE CETTE NOUVELLE ÈRE.

JE N'EN SAIS RIEN. EN TOUT CAS, IL FAUT ABSOLUMENT METTRE FIN À TOUS CES MEURTRES, SINON...

EST-CE SA VÉRITABLE IDENTITÉ ?

POURQUOI UTILISE-T-IL LE NOM DE CETTE ÉCOLE ? ESSAIE-T-IL DE ME PIÉGER ?

QUOI ?!

GRRR

CET HOMME EST BIEN PLUS FORT QUE VOUS.

J'AI BIEN COMPRIS. MAIS VOUS NE DEVEZ PAS PATROUILLER LA NUIT.

VOUS ÊTES CONSCIENTE QUE LE PROCHAIN COMBAT VOUS SERAIT FATAL ?

BIEN CONNAÎTRE SA FORCE AINSI QUE CELLE DE SON ADVERSAIRE EST FONDAMENTAL POUR LE KENDÔKA.

PARDON ?

L'HONNEUR D'UNE ÉCOLE NE VAUT PAS LA VIE D'UN ÊTRE HUMAIN.

PENDANT DIX ANS IL S'EST CONSACRÉ À LA TECHNIQUE DU "SABRE QUI PROTÈGE LA VIE", REFUSANT TOUT ASPECT MEURTRIER.

... A FONDÉ CETTE ÉCOLE DÈS LE DÉBUT DE L'ÉPOQUE MEIJI.

MON PÈRE, QUI A VÉCU LES TROUBLES DE LA FIN DE L'ÈRE EDO...

IL EST AINSI DÉCÉDÉ EN TOTALE CONTRADICTION AVEC SES PROPRES CROYANCES.

MAIS IL A ÉTÉ MOBILISÉ PAR LA DIVISION PRÉFECTORALE DES SABREURS LORS DE LA GUERRE CIVILE DE SEINAN.

CETTE ÉCOLE QUE MON PÈRE A FONDÉE ...

... A DÉJÀ BLESSÉ OU TUÉ PLUS DE DIX PERSONNES AU NOM DE L'ÉCOLE DE L'ESPRIT VIVANT KAMIYA.

L'HOMME QUI SE FAIT APPELER BATTOSAÏ L'ASSASSIN...

LE NOM DE CELLE QUI ENSEIGNE LA TECHNIQUE DU "SABRE QUI PROTÈGE LA VIE" EST AINSI SOUILLÉE PAR UN SABRE MEURTRIER !

UN SIMPLE VAGABOND NE PEUT PAS COMPRENDRE CE QUE CELA SIGNIFIE.

EN TOUT CAS...

D'AILLEURS, CELUI QUI PRÉCONISE UNE PHILOSOPHIE TELLE QUE LA VÔTRE DOIT SAVOIR ÉPARGNER SA PROPRE VIE.

À PRÉSENT, IL VAUT MIEUX AGIR AVEC PRUDENCE.

... VOUS NE POUVEZ ENTAMER AUCUNE RECHERCHE AVEC UN BRAS DANS CET ÉTAT.

EUH...

DE LUS ...

22

MAIS DIS DONC, TOI ? TU VIENS DU DÔJO DE L'ASSASSIN BATTOSAÏ...

VIOLATION DE L'INTERDICTION DE PORT D'ARME, COMME TU PEUX LE VOIR.

QU'A T-IL FAIT DE MAL ?

ALORS ?

NOOON !

TRÈS BIEN, JE M'EN VAIS !

C'EST UN ABUS DE POUVOIR ! VOUS PROFITEZ DE VOTRE UNIFORME !

...

TU T'OPPOSES À UN GENDARME DANS L'EXERCICE DE SES FONCTIONS ?!

JE VOUS AI DÉJÀ DIT QUE NOUS N'AVIONS RIEN À VOIR AVEC CETTE HISTOIRE !

CRISS

NE VOUS ÉNERVEZ PAS, TENEZ...

HUM...

QUI ES-TU ?!

ATTENDEZ UN PEU...

PASSE POUR CETTE FOIS... MAIS À LA PROCHAINE, JE NE SERAI PAS SI INDULGENT ...

ON T'A À L'ŒIL, TOI.

KIHEH ...

PARDON ?

NON, RIEN.

LES POLICIERS DE CETTE VILLE NE SONT PAS DIGNES DE CONFIANCE.

...

C'EST ÇA, OUAIS...

BEUH!

J'AI UNE VAGUE IDÉE DE QUI POURRAIT ÊTRE LE TUEUR...

EUH...

MAIS QUELLE EST CETTE HISTOIRE DE MEURTRES EN SÉRIE ?

MAIS QUE FAITES-VOUS ENCORE DANS CETTE VILLE ?

VOUS AVEZ UNE AFFAIRE À RÉGLER ?

NON... PAS VRAI- MENT.

IL Y A UN DÔJO DE KENDÔ QUI S'APPELLE "KIHEH-KAN" DANS LA VILLE VOISINE.

OUI.

KIHEH-KAN ?

EN FAIT, C'EST UN ANCIEN DÔJO QUI EST AUJOURD'HUI DEVENU LE REPAIRE DE JOUEURS ET DE VOYOUS.

* VENO (SURNOMMÉ AUSSI SHITAMACHI), UN QUARTIER POPULAIRE DE TÔKYÔ. IL EXISTE TOUJOURS ET CONSERVE ENCORE DE NOS JOURS UN ASPECT TRADITIONNEL QUI A DISPARU DU RESTE DE LA CAPITALE.

C'EST UN PEU ÉTRANGE CETTE HISTOIRE, NON ? ET COMME PAR HASARD, LES MEURTRES ONT COMMENCÉ IL Y A DEUX MOIS.

LE MEURTRIER A ÉTÉ DÉCRIT COMME UN KENDOKA DE TRÈS GRANDE TAILLE. IL EST RARE DE VOIR UN HOMME SI GRAND.

HUM...

IL Y A DEUX MOIS, UN EXPERT EN SABRE, EX-SAMOURAÏ, A PRIS LE CONTRÔLE DES LIEUX.

IL PARAÎT QU'IL MESURE PLUS DE DEUX MÈTRES.

MAIS JE LE TROUVERAI !

FAUTE DE PREUVES, JE NE PEUX ALLER PLUS LOIN.

CRAC

À TOUT À L'HEURE.

MADEMOISELLE KAORU, JE DOIS RENTRER PRÉPARER LE DÎNER. PUIS-JE...?

OUI, C'EST KIHEH...

UN EMPLOYÉ DE MAISON QUI LOGE CHEZ MOI.

IL ÉTAIT CHEZ VOUS L'AUTRE JOUR...

OH, JE T'EN PRIE.

M'A DÉJÀ SUGGÉRÉ D'ABANDONNER L'ÉCOLE ET DE VIVRE EN PAIX APRÈS L'AVOIR VENDUE.

IL S'INQUIÈTE POUR MOI CAR JE GÈRE SEULE LE DÔJO.

IL EST ARRIVÉ JUSTE APRÈS LA MORT DE MON PÈRE.

JE L'AI TROUVÉ BLESSÉ, COUCHÉ DEVANT LA PORTE, ET JE L'AI RECUEILLI.

MAIS D'OÙ VIENT-IL ?

VOUS ÊTES PLUTÔT NAÏVE...

VOUS CROYEZ ?

JE NE SAIS PAS. JE NE LUI AI JAMAIS POSÉ LA QUESTION.

SERAIT-CE VOTRE CAS ?

CELA M'IMPORTE PEU...

CELA EXPLIQUERAIT-IL VOTRE ERRANCE ?

JE SUPPOSE QUE L'ON A TOUS UN SECRET PASSÉ QUE L'ON PRÉFÈRE TAIRE.

JE SUPPOSE QU'UN VAGABOND N'A PAS ASSEZ D'ARGENT POUR UNE CHAMBRE... VENEZ CHEZ MOI SI VOUS VOULEZ !

NON, MERCI...

J'AI DES CHOSES À RÉGLER. NOUS NOUS VERRONS PLUS TARD.

PEUT-ÊTRE, OUI...

J'AVAIS OUBLIÉ !

À BIENTÔT.

MAIS TOUT À L'HEURE VOUS AVEZ DIT QUE...

EH BIEN ?

MAIS... HÉ, ATTENDEZ !

JE VOUS PRIE...

... DE M'EN EXCU-SER...

À PROPOS DE L'AUTRE JOUR...

EUH...

EH BIEN...

... AU LIEU DE VOUS REMERCIER, JE VOUS AI PLUTÔT MALTRAITÉ.

* ENSEIGNES DES ÉCHOPPES DE L'ÉPOQUE : TAILLEUR, RESTAURANT, SALON DE THÉ...

JE SUIS EN TRAIN DE VOUS DIRE QUE JE SUIS VRAIMENT DÉSOLÉE, GRRR !!

TRÈS BIEN, VOUS ÊTES TOUT EXCUSÉE !

BAF

BAF

EUH... VOUS VOUS SENTEZ MAL ?

ALORS FAITES COMME MOI !

À PLUS TARD.

LES VAGABONDS COMME MOI NE SE PRÉOCCUPENT JAMAIS DE CE GENRE DE DÉTAIL...

HA HA

TOUT SE PASSERAIT DONC DANS LE DÔJO KIHEH-KAN...

ZUT... J'AI OUBLIÉ DE LUI DEMANDER POURQUOI LA LAME DE SON SABRE EST INVERSÉE.

TANT PIS...

C'EST POUR CELA QUE JE N'AI RIEN TROUVÉ DANS CETTE VILLE.

MAIS QUEL GENRE D'AFFAIRE PEUT-IL AVOIR À RÉGLER ?

EXCUSEZ-MOI.

EXCUSEZ-MOI.

QU'EST-CE QUE TU VEUX ?

HA HA

EXCU...

EXCU...

EXCUSEZ-MOI.

DÔJO KIHEH-KAN

EXCUSEZ-MOI.

EXCUSEZ-MOI.

TU NE LE SAVAIS PAS ?

HUM, HUM... IL S'APPELLE DONC HIRUMA.

MAÎTRE HIRUMA EST ABSENT POUR LE MOMENT. REVIENS PLUS TARD !

JE VOUDRAIS...

EXCUSEZ-MOI.

EXCUSEZ-MOI.

EUH

EH BIEN, JE CROYAIS...

... QUE SON NOM ÉTAIT "BATTOSAÏ L'ASSASSIN"...

HLRS

MᴸᴸE KAORU...

OH OH...

MA TASSE S'EST FISSURÉE TOUTE SEULE...

...

EN FAIT...

JE T'AI DÉJÀ DIT QUE JE NE COMPTE PAS LE VENDRE.

?

JE VIENS VOUS PARLER DE LA VENTE DE CE DÔJO.

TU M'AS FAIT PEUR, KIHEH !

QU'Y A-T-IL ?

... TOUS LES PAPIERS SONT DÉJÀ PRÊTS.

CONTRAT DE VENTE

IL NE RESTE PLUS QU'À APPOSER TA SIGNATURE...

KIHEH ...?

HÉ !

HÍ HÍ

... POUR QUE CE TERRAIN DEVIENNE NOTRE PROPRIÉTÉ !

BROM

MAIS TU ...!

!

ECLLLLII

... MON PETIT FRÈRE.

C'EST GOHEH HIRUMA, MAÎTRE DE KIHEH-KAN...

EN GÉNÉRAL, JE N'AIME PAS RECOURIR À CE GENRE DE MOYEN.

J'AURAIS PRÉFÉRÉ RÉGLER CELA DANS LES FORMES...

MAIS COMME TU AS DÉCOUVERT L'IDENTITÉ DE MON FRÈRE, JE N'AI PAS LE CHOIX.

MAIS TU AS BEAU ÊTRE NAÏVE, TU ES VRAIMENT CORIACE POUR TOUT CE QUI TOUCHE AU KENDÔ.

EN ME FAISANT PASSER POUR UN PETIT VIEUX BIEN GENTIL, J'AI RÉUSSI À GAGNER TA CONFIANCE...

CAR, MÊME SI SON EXISTENCE EST MISE EN DOUTE, TOUS PARLENT DE SON INCROYABLE FORCE.

LE RENOM DE "BATTOSAÏ L'ASSASSIN" A EU UN EFFET CONSIDÉRABLE ...

C'EST POURQUOI J'AI UTILISÉ MON FRÈRE POUR CETTE AFFAIRE DE MEURTRES...

DANS LE BUT DE SOUILLER LE NOM DE TON ÉCOLE.

KIHEH ...

GRÂCE À CELA, EN DEUX MOIS TON ÉCOLE A PERDU TOUS SES DISCIPLES.

* ÉCOLE DE L'ESPRIT VIVANT KAMIYA
** LE NOM DU MAÎTRE, DE SES ADJOINTS ET DISCIPLES.

LE VA...

LE VAGA-BOND ...!

CET HOMME M'A TOUT RACONTÉ.

VEUILLEZ EXCUSER MON RETARD ...

BLOF

?!

CEPENDANT...

... JE PRÉFÈRE CET IDÉAL À LA VRAIE NATURE DU KENDÔ.

MON FRÈRE, TU NE M'INTERDIRAS PAS DE TUER, N'EST-CE PAS ?

NON !

JE SOUHAITE QUE...

... SON IDÉOLOGIE SERVE LES GRANDS COURANTS DE PENSÉE DE CETTE NOUVELLE ÈRE.

TES HOMMES VONT SE CHARGER DE LUI.

CET HOMME EST UNE GÊNE POUR NOUS...

43

D'UN COUP
DE SABRE, IL
EN ÉLIMINE
QUATRE OU
CINQ À LA
FOIS !!

EST-CE
DE LA
SORCELLERIE
?!

... GRÂCE À UNE ANCIENNE TECHNIQUE ULTRA-RAPIDE QUI PERMET DE FAIRE MOUCHE MÊME AVEC UN SABRE À LAME INVERSÉE.

SON ENSEIGNEMENT PERMET D'AFFRONTER SEUL PLUSIEURS ENNEMIS...

LA TECHNIQUE DE BATTOSAÏ NE PROVIENT PAS DE L'ÉCOLE KAMIYA...

... MAIS DE L'ÉCOLE DE HITEN MITSURUGI, QUI TROUVE SON ORIGINE À L'ÉPOQUE DES GUERRIERS.

!!!

INTÉRESSANT...

NON ...

... C'EST DONC TOI, BATTOSAÏ L'ASSASSIN !?

BBOOUUMM

VLAM

CONTRAIREMENT À TOI, JE N'AIME PAS LA VIOLENCE.

MAIS J'AURAIS DÛ T'ACHEVER.

JE LE REGRETTE À PRÉSENT.

JE N'AVAIS PAS IMAGINÉ QUE TU PUISSES ÊTRE SI FORT, L'AUTRE NUIT.

TU CACHAIS BIEN TON JEU !

ET... QUELLE ARROGANCE AUSSI !!

QUELLE ASSURANCE !

SHSH

LE MONDE N'A PAS BESOIN DE DEUX BATTOSAÏ !

CE NOM EST LE MIEN !!

48

50

COMME TOUS LES CERVEAUX, C'EST UN VRAI POLTRON.

CRISH

CRISH

EH BIEN ...

BZZZZ

FLOTCH

FLITCH

...

JE N'AVAIS AUCUNE INTENTION DE DISSIMULER MON IDENTITÉ, NI DE VOUS MENTIR.

JE SUIS DÉSOLÉ, MADEMOISELLE KAORU.

... SI CELA M'AVAIT ÉTÉ POSSIBLE...

MAIS J'AURAIS PRÉFÉRÉ GARDER CE SECRET...

VOUS POUVEZ ENFIN LAVER CETTE ÉCOLE DE TOUTES SES HUMILIATIONS.

MAIS SI LE VRAI BATTOSAÏ RESTE ICI, CELA NE SERA PAS FACILE.

IL VAUT MIEUX QUE JE NE RESTE PAS ICI...

OUI... VOUS AVEZ RAISON...

IL EXISTE D'AUTRES HOMMES COMME KIHEH, IL VOUS FAUDRA ÊTRE PLUS PRUDENTE DÉSORMAIS.

... MAIS À VOUS, LE VAGA...

JE N'AI PAS DEMANDÉ À BATTOSAÏ DE RESTER...

... OU BIEN VOUS VOULEZ CACHER VOTRE VÉRITABLE IDENTITÉ ?

"BATTOSAÏ" EST VOTRE ANCIEN NOM DE PATRIOTE, N'EST-CE PAS...?

... AVANT DE PARTIR, VOUS POURRIEZ AU MOINS ME FAIRE CONNAÎTRE VOTRE VRAI NOM !

MAIS...

HA

JE...

BON, TRÈS BIEN SI VOUS VOULEZ PARTIR, PARTEZ !

KENSHIN
...

JE M'APPELLE KENSHIN HIMURA.

CECI EST MON VRAI NOM.

JE SUIS UN PEU FATIGUÉ DE VOYAGER AINSI.

UN VAGABOND NE SAIT JAMAIS OÙ IL VA NI OÙ IL SERA. SI CELA NE VOUS DÉRANGE PAS...

L'HISTOIRE...

... COMMENCE EN L'AN ONZE DE L'ÈRE MEIJI, DANS UN FAUBOURG DE TÔKYÔ...

... LORS DE L'ARRIVÉE DE KENSHIN HIMURA...

... JE VAIS RESTER ICI...

... POUR QUELQUE TEMPS.

MAIS ATTENDEZ...

HI

OYO ?

SI VOUS ÉTIEZ PATRIOTE À LA FIN DE L'ÈRE EDO, QUEL ÂGE AVEZ-VOUS AUJOURD'HUI ?

CESSEZ CES "OYO" ET RÉPONDEZ-MOI ! VOUS N'ALLEZ PAS ME FAIRE CROIRE QUE VOUS AVEZ PLUS DE 30 ANS !

VOUS CONNAISSEZ VOTRE ÂGE, TOUT DE MÊME !!

EN FAIT... QUEL ÂGE J'AI, MOI ?

DANS LE SECRET DE LA CRÉATION DES PERSONNAGES

PREMIÈRE PARTIE :

KENSHIN HIMURA

●

BIEN QUE SON MODÈLE ORIGINAL SOIT GENZAI KAWAKAMI, UN ASSASSIN AYANT RÉELLEMENT EXISTÉ, LE PERSONNAGE DE KENSHIN EST COMPLÈTEMENT DIFFÉRENT.

GENZAI KAWAKAMI EST L'UN DES QUATRE GRANDS ASSASSINS DE LA FIN DE L'ÈRE EDO. PETIT ET MINCE, ON POUVAIT AISÉMENT LE PRENDRE POUR UNE FEMME, POURTANT SON SENS DU CALCUL ET SON SANG-FROID LE DÉSIGNAIENT COMME LE PIRE DE TOUS. MAÎTRISANT LA TECHNIQUE ORIGINALE DITE "SHIRANUI", IL EST SURTOUT CONNU POUR AVOIR ASSASSINÉ SHÔZAN SAKUMA, LE GRAND PENSEUR DE L'ÉPOQUE. IL N'EXISTE AUCUNE PREUVE TANGIBLE DES AUTRES CRIMES QU'ON LUI PRÊTE.

DÉÇU PAR LA POLITIQUE DU NOUVEAU GOUVERNEMENT LORS DE LA RESTAURATION DE MEIJI, KAWAKAMI S'OPPOSE À SES RÉFORMES. APRÈS QUELQUES RECHERCHES, J'AI PENSÉ QUE SON OPPOSITION ÉTAIT MOINS POLITIQUE QU'ÉTHIQUE : ELLE SEMBLAIT RELEVER D'UNE VOLONTÉ DE RENDRE JUSTICE À SES COMPAGNONS MORTS POUR UN GOUVERNEMENT QUI LES AURAIT TRAHIS. EN EFFET, LORS DE L'AVÈNEMENT DE MEIJI, L'ORDRE DES SAMOURAÏS N'AVAIT PLUS LIEU D'ÊTRE. PAR LA SUITE, KAWAKAMI A ÉTÉ ACCUSÉ À TORT D'UN CRIME QU'IL N'AVAIT PAS COMMIS, ET A ÉTÉ EXÉCUTÉ EN L'AN 4 DE L'ÈRE MEIJI (1871). VOILÀ D'OÙ VIENT KENSHIN, EX-SAMOURAÏ DEVENU VAGABOND.

CELUI-CI N'A PAS DE MODÈLE D'UN POINT DE VUE GRAPHIQUE. COMME LES HÉROS DE MES PREMIÈRES ŒUVRES ÉTAIENT TOUS BEAUX, GRANDS, BRUNS ET MUNIS D'ARMURES IMPRESSIONNANTES, J'AI TENTÉ DE DESSINER UN PERSONNAGE TOUT À FAIT À L'OPPOSÉ. CELA A FINI PAR DONNER UN HÉROS EXTRÊMEMENT FÉMININ ! DÉSESPÉRÉ, JE LUI AI AJOUTÉ UNE CICATRICE EN FORME DE CROIX SUR LA JOUE GAUCHE. CETTE CROIX EST DEVENUE LE SYMBOLE DE BATTOSAÏ HIMURA.

... Mlle KAORU KAMIYA, 17 ANS, MAÎTRE ADJOINT DE L'ÉCOLE DE L'ESPRIT VIVANT, SE DÉMÈNE POUR RÉCUPÉRER SES ANCIENS DISCIPLES ET RESTAURER AINSI L'ÉCOLE.

UNE SEMAINE APRÈS "L'AFFAIRE DU FAUX BATTOSAÏ" AVEC LES FRÈRES HIRUMA...

C'EST VRAIMENT ÉNERVANT !

... POURQUOI PERSONNE NE VEUT REVENIR ?

MAIS...

Scène 2 - Un vagabond en ville

MENTEUR ! TRICHEUR !

EXCUSE-TOI ET DIS-MOI LA VÉRITÉ !

À PROPOS DE TON ÂGE, TU M'AS DIT N'AVOIR QUE 28 ANS ?!

VOUS VOUDRIEZ QUE J'AI AU MOINS 30 ANS, N'EST-CE PAS ?

... LES CHOSES PASSÉES REVIENNENT DIFFICILEMENT.

NOUS SOMMES EN PLEINE ÉPOQUE DE RENOUVEAU CULTUREL...

QUE VOULEZ-VOUS, ALORS ?

EH BIEN... NON...

Scène 2
"Un vagabond
en ville"

KENSHIN HIMURA EST UN HOMME LIBRE, UN VAGABOND EXPERT EN SABRE QUI LOGE POUR L'INSTANT DANS MON DÔJO.

... BATTOSAÏ HIMURA...

C'ÉTAIT LE PIRE DES ASSASSINS, UNE LÉGENDE VIVANTE...

MAIS EN RÉALITÉ, C'EST L'UN DES PATRIOTES QUI A CONTRIBUÉ À L'ÉTABLISSEMENT DE L'ÈRE MEIJI.

OYO

DOING

MAIS IL N'A PAS L'AIR D'UN CRIMINEL ...

... ET OCCUPENT D'IMPORTANTES POSITIONS DANS LE GOUVERNEMENT DE MEIJI...

LA PLUPART DES ANCIENS PATRIOTES ONT DÉJÀ ABANDONNÉ LE SABRE DEPUIS BIEN LONGTEMPS...

POURQUOI SE CONDUIT-IL COMME UN CLOCHARD ?

JE SUPPOSE QUE L'ON A TOUS UN SECRET PASSÉ QUE L'ON PRÉFÈRE TAIRE.

J'AI LA NETTE IMPRESSION QUE VOUS DÉSIREZ ME DEMANDER QUELQUE CHOSE...

NON, PAS DU TOUT...

MAIS ARRÊTE DE TE BALADER AVEC CE SABRE !

GH ?

PAF

PAF

PAF

...

MÊME SI LA LAME EST INVERSÉE, ILS VONT T'ARRÊTER CETTE FOIS-CI.

MAIS QUE VAS-TU FAIRE SI LA POLICE S'EN MÊLE DE NOUVEAU ?

MAIS PERSONNE N'Y PRÊTE PLUS ATTENTION.

DU CALME ! IL Y A ENCORE DEUX ANS, BEAUCOUP DE GENS PORTAIENT LE SABRE...

KRiii

KRiii

KRiii

KRiii

QUE DES CHOSES LOURDES...

ON NE DISCUTE PAS !

TU ES CHARGÉ D'ACHETER LE SEL, LA SAUCE DE SOJA ET LA PÂTE MISO.

BON, FINISSONS VITE LES COURSES.

ADVIENNE QUE POURRA !

RIEN À FAIRE...

OÙ SE TROUVE LA PRÉFECTURE DE POLICE ?

IL SEMBLE QUE JE ME SOIS PERDU.

EXCUSEZ-MOI, MADE-MOISELLE.

!

EN ROUTE !

MERCI.

EUH... VOUS TOURNEZ À DROITE AU BOUT DE LA GRANDE RUE ET VOUS Y ÊTES.

... BATTOSAÏ HIMURA... ?

ES-TU VRAIMENT DANS CETTE VILLE...

KLAK KLAK KLAK

C'EST BIZARRE ...

IL A L'AIR D'UN HOMME IMPORTANT, MAIS IL N'EST PAS D'ICI...

ALLEZ, IL FAUT QUE JE FINISSE CES COURSES, MOI.

TAP TAP

DES POLICIERS TENTENT D'ARRÊTER UN HOMME QUI PORTE UN SABRE !

QUE SE PASSE-T-IL ?

QUEL VACARME !

VOUS ÊTES PLUTÔT TÊTUS, VOUS.

IL EST DRÔLEMENT AGILE !

MAIS MAINTENANT IL EST COINCÉ !!

HÉ ! DÉGAGEZ !!

TRÈS BIEN, JE ME LAISSE ARRÊTER SANS RÉSISTER...

LA POLICE ARMÉE ARRIVE !!

TAP TAP TAM TAN

LA POLICE ARMÉE : CORPS D'ÉLITE D'EXPERTS EN SABRE, SÉLECTIONNÉS PARMI LES POLICIERS AUTORISÉS À PORTER UNE ARME.

DÉGAGEZ !

IL N'ÉTAIT PAS NÉCESSAIRE DE VOUS DÉRANGER POUR...

M... MAIS CET HOMME NE MANIFESTE AUCUNE AGRESSIVITÉ ! D'AILLEURS IL EST DÉJÀ À NOTRE MERCI.

BON TRAVAIL. LA POLICE ARMÉE S'EN OCCUPE. VOUS POUVEZ PARTIR.

CO... COMMISSAIRE ADJOINT UJIKI...

JE N'AI PAS BESOIN DES CONSEILS D'UN AGENT DE POLICE DE TROISIÈME ORDRE...

SI JE TE DIS DE PARTIR, TU N'AS QU'À PARTIR !

HA

BAM

ARGH !

QUI EST CE TYPE ?

IL M'A TOUT L'AIR D'ÊTRE UN POLTRON.

SCHRÏï OHH IH! OHH

ET SI JE PORTE UN SABRE, CE N'EST NULLEMENT POUR AFFICHER MA PUISSANCE.

JE NE DÉGAINE JAMAIS INUTILEMENT.

SSHHH

EH BIEN, DÉGAINE TON SABRE...

... PUISQUE TU TE PERMETS DE LE PORTER EN VILLE. TU TE PRENDS POUR UN EXPERT.

... C'ÉTAIT DONC UN IMPOSTEUR.

C'EST CELA.

CERTES IL A TUÉ BEAUCOUP D'HOMMES, COMME SON SURNOM L'INDIQUE...

... MAIS JAMAIS POUR SON PROPRE COMPTE, SEULEMENT DANS LE BUT DE SOUTENIR LA NOUVELLE ÈRE.

SI L'ON RÉFLÉCHIT BIEN, HIMURA N'EST PAS DU GENRE VIOLENT.

BUREAU DU COMMISSAIRE

JE N'AI PAS PU ME DÉPLACER AVANT D'AVOIR RÉGLÉ LES AFFAIRES QUI ONT SUIVI LA GUERRE CIVILE DE SEINAN...

ILS DISENT AVOIR EU AFFAIRE AU VRAI BATTOSAÏ.

À PROPOS, NOUS IGNORONS TOUJOURS L'IDENTITÉ DE CELUI QUI A LIVRÉ LES SUSPECTS ROUÉS DE COUPS DEVANT LA PRÉFECTURE DE POLICE.

STRR

CRRF

COMMENT CELA ?

CE NE SONT PROBABLEMENT QUE DES BALIVERNES...

TIP

J'AI TOUJOURS VOULU LE RETROUVER AFIN DE LUI CONFIER UN POSTE AU SEIN DE L'ARMÉE IMPÉRIALE.

C'EST UN HÉROS QUI A SAUVÉ DE NOMBREUX PATRIOTES... SANS LUI, LA RESTAURATION DE MEIJI N'AURAIT PAS ÉTÉ POSSIBLE.

C'EST ENCORE UJIKI QUI CAUSE DES TROUBLES ?

QU'EST-CE QUE LA POLICE ARMÉE ?

EXCU-SEZ-MOI...

C'EST À PROPOS DE LA POLICE ARMÉE...

IMBÉCILE, JE SUIS EN RENDEZ-VOUS ! VOUS POURRIEZ FRAPPER AVANT D'ENTRER !

BDAOM

BUREAU DU COMMISSAIRE

C'EST... C'EST HORRIBLE, MONSIEUR LE COMMISSAIRE !!

LES PATRIOTES ÉTAIENT EN PRINCIPE CLASSÉS EN CINQ GROUPES SELON LEUR ORIGINE : SATSUMA (ACTUELLE PRÉFECTURE DE KAGOSHIMA), CHÔSHÛ (YAMAGUCHI), TOSA (KÔCHI), HIZEN (SAGA) ET LES AUTRES (MITO, FUKUOKA, ETC.)

LEUR CAPITAINE, UN ANCIEN PATRIOTE ORIGINAIRE DE SATSUMA BIEN PLUS VIOLENT QUE SES HOMMES, OUTREPASSE SES RESPONSABILITÉS...

C'EST UN CORPS CONSTITUÉ SUR ORDRE DU POUVOIR CENTRAL APRÈS LA GUERRE CIVI-LE DE SATSUMA.

EH BIEN, EN FAIT...

ET QU'ONT-ILS FAIT CETTE FOIS-CI ?

... PAR UN SEUL HOMME, UN EXPERT EN KENDÔ...

ILS SONT EN TRAIN DE SE FAIRE METTRE EN PIÈCES...

JE VOIS...

DURANT DE LONGUES ANNÉES, SATSUMA ET CHÔSHÛ ONT EU UNE INFLUENCE CONSIDÉRABLE SUR LE GOUVERNEMENT DE MEIJI, INCARNANT SES PRINCIPALES GRANDES PUISSANCES.

À CETTE ÉPOQUE, SATSUMA AVAIT LE CONTRÔLE ABSOLU DE LA POLICE, ET CHÔSHÛ DE L'ARMÉE.

70

MAIS JE VOUS DIS LA VÉRITÉ !

VOYONS, C'EST TOTALEMENT IMPOSSIBLE !

CE SONT TOUT DE MÊME DES MEMBRES DE LA POLICE ARMÉE, L'ÉLITE DES POLICIERS !!

... IL A UNE CICATRICE EN FORME DE CROIX SUR LA JOUE GAUCHE !

IL BOUGE SI VITE QU'ON A GRAND PEINE À LE SUIVRE DES YEUX.

IL EST PETIT, MINCE ET ROUX...

AH OUI, JE ME SOUVIENS...

BON SANG... QUI PEUT ÊTRE CE FAMEUX ESCRIMEUR ?

JE N'EN AI AUCUNE IDÉE.

BATTOSAÏ HIMURA !!

C'EST BIEN LUI !

... L'AFFAIRE SERA CLOSE.

ET TU POURRAS M'ARRÊTER POUR VIOLATION D'INTERDICTION DE PORT D'ARME, OU POUR COUPS ET BLESSURES VOLONTAIRES.

SI TU JURES DEVANT LA FOULE DE CESSER TES AGISSEMENTS DE DESPOTE...

HiiiI !

KiiiI

CETTE PRISE...

TAIS-TOI !

TU M'EN DEMANDES TROP !!

CERTES CETTE TECHNIQUE EST TRÈS PUISSANTE...

MAIS...

QUEL IDIOT !

ARRÊTE, UJIKI ! CETTE PERSONNE EST...

C'EST LA TECHNIQUE "NINOTACHI IRAZU", LA PLUS FATALE DE L'ÉCOLE JIGEN !

ALLONS FÊTER ÇA !!

OYO !

!

BRAVO, JEUNE HOMME !

D'OÙ VENEZ-VOUS ?

WOUSHHHH

KENSHIN

TAP TAP

ILS NE T'ONT PAS BLESSÉ ?

KWIZ

HIMURA !

MONSIEUR LE COMMISSAIRE, DISPERSEZ CETTE FOULE.

BIEN !

CELA M'A PRIS DIX ANS...

JE T'AI ENFIN RETROUVÉ.

YAMAGATA ?! C'EST PEUT-ÊTRE...

VOUS PORTEZ LA MOUSTACHE MAINTENANT, MONSIEUR YAMAGATA ?

ZIP

... L'ANCIEN CAPITAINE DE LA DIVISION "KIHEH TAI", LA FLOTTE LA PLUS PUISSANTE DE L'ÈRE EDO, AUJOURD'HUI DEVENU LE CHEF DE L'ARMÉE DU GOUVERNEMENT MEIJI...

ARITOMO YAMAGATA, L'ANCIEN PATRIOTE !

JEUNE HOMME, DÉFENDEZ-NOUS !

C'EST UN ABUS DE POUVOIR !

CIRCULEZ !

BEAUCOUP D'ANCIENS PATRIOTES ATTENDENT TON RETOUR.

VIENS !

SCHHH

LA VOITURE NOUS ATTEND.

MAIS LES CRIMES QUE TU AS COMMIS ONT SERVI UN ÉVÉNEMENT HISTORIQUE FONDAMENTAL !

!!

NE T'INQUIÈTE PAS DE CELA !

... MAIS JE SAURAI RÉGLER CELA...

CERTES, CERTAINS TE PRENNENT ENCORE POUR UN ASSASSIN...

MALHEUREUSEMENT...

... JE N'AI AUCUNE ENVIE D'OBTENIR UN POSTE HAUT PLACÉ EN RÉCOMPENSE DE TOUS MES MEURTRES.

C'EST JUSTEMENT VOTRE DESPOTISME QUI ENGENDRE CE GENRE D'HOMME.

AVEC LE POUVOIR DE LA POLICE, C'EST CELA ?

SI NOUS OUBLIONS TOUT CELA...

... NOUS, ANCIENS PATRIOTES, NOUS SERIONS DE PURS OPPORTUNISTES. N'EST-CE PAS, MONSIEUR YAMAGATA ?

SSHHH

AH

CE N'ÉTAIT NI POUR LA GLOIRE NI POUR LE POUVOIR QUE NOUS NOUS SOMMES BATTUS...

... MAIS POUR PROTÉGER LE PEUPLE ET ÉTABLIR UNE ÈRE DANS LAQUELLE LA NOTION DE BONHEUR AIT UN SENS.

NOUS NE SOMMES RIEN SANS LE POUVOIR DU GOUVERNEMENT !

À PRÉSENT, LE SABRE NE SERT PLUS À RIEN !

L'ÈRE EDO DANS LAQUELLE LE SABRE JOUAIT UN RÔLE SI IMPORTANT EST DÉSORMAIS RÉVOLUE !

LES TEMPS ONT CHANGÉ ! DANS LA NOUVELLE ÈRE MEIJI, LES SAMOURAIS ONT PERDU LEURS PRÉROGATIVES AVEC L'INTERDICTION DE PORT DU SABRE.

MAIS, HIMURA ...!

... LES GENS QUI SONT AUTOUR DE MOI.

AVEC MON ARME, JE PEUX PROTÉGER...

L'ASSASSIN EST DEVENU VAGABOND, VOILÀ TOUT.

RIEN N'A CHANGÉ EN MOI.

...

MON-SIEUR LE COMMIS-SAIRE...

... JE M'ÉTAIS IMAGINÉ UN PERSONNAGE BIEN PLUS DANGEREUX ...

À CAUSE DE "L'AFFAI-RE DU FAUX BATTOSAÏ" ...

SON SABRE NE REPRÉSENTE AUCUN DANGER, NOUS ALLONS FERMER LES YEUX SUR CETTE HISTOIRE ...

JE SAIS CE QUE VOUS ALLEZ DIRE...

VU LA RÉACTION DE LA FOULE, JE SAIS À QUI INCOMBE LA RESPONSABILITÉ DE CET INCIDENT.

78

EXCUSEZ-MOI, KAORU...

LE VRAI BATTOSAÏ EST DIFFÉRENT.

POURQUOI KENSHIN EST DEVENU VAGABOND...

VOTRE RUBAN, VOUS L'AVEZ PERDU PAR MA FAUTE.

OUI ?

JE COMPRENDS MIEUX...

NE T'INQUIÈTE PAS. TU TE RATTRAPERAS EN FAISANT LE MÉNAGE !

KENSHIN SE LAISSE PORTER PAR LA VIE, C'EST EN CELA QU'IL EST UN VAGABOND.

...

... GRÂCE À SON SABRE, IL GARDE SON INDÉPENDANCE TOUT EN PROTÉGEANT LES GENS.

euh... pas vraiment...

fallait-il vraiment acheter tout cela ?

D'ACCORD MAIS... C'EST TRÈS LOURD !

DANS LE SECRET DE LA CRÉATION DES PERSONNAGES

DEUXIÈME PARTIE :

KAORU KAMIYA

●

IL N'EXISTE AUCUN MODÈLE PARTICULIER POUR CE PERSONNAGE. PEUT-ÊTRE AI-JE ÉTÉ INSPIRÉ PAR SANAKO CHIBA, L'AMIE DE RYÔMA. J'AVAIS ÉGALEMENT À L'ESPRIT LA TRÈS FORTE PERSONNALITÉ DE FUYUMI SASAKI, LE PERSONNAGE DE "KENKYAKU SHÔBAI", UN ROMAN DE SHOTARO IKENAMI. CEPENDANT, KAORU KAMIYA SEMBLE ÊTRE RÉDUITE AU RÔLE D'UNE SIMPLE JEUNE FILLE. POURTANT, ELLE EST TRÈS ACTIVE, CE QUI ME PLAÎT BEAUCOUP. D'AILLEURS IL SEMBLE QU'ELLE SOIT TRÈS POPULAIRE AUPRÈS DE MES LECTRICES. CERTAINS S'INTERROGENT SUR SES VÉRITABLES CAPACITÉS. JE PEUX RÉPONDRE QU'ELLE EST TRÈS FORTE, MALGRÉ SON JEUNE ÂGE. ELLE EST EXPERTE EN KENDÔ ET PEUT SE BATTRE À ARMES ÉGALES AVEC LES MAÎTRES D'AUTRES DÔJO. ELLE EST DÉJÀ AU NIVEAU NATIONAL POUR LA TECHNIQUE DU SABRE DE BOIS. SI ELLE PEUT PARAÎTRE FAIBLE, C'EST PARCE QUE KENSHIN ET SANOSUKÉ SONT D'UNE FORCE EXCEPTIONNELLE !

JE NE SAIS PAS ENCORE SI DANS LES PROCHAINS ÉPISODES KENSHIN ET KAORU TOMBERONT AMOUREUX L'UN DE L'AUTRE... KAORU N'A PAS VRAIMENT DE RÉFÉRENCE GRAPHIQUE : C'EST LA JEUNE FILLE TYPE. ÉVIDEMMENT, LE SABRE, LE KIMONO ET LA QUEUE DE CHEVAL SONT INDISPENSABLES À UNE JEUNE KENDÔKA ! J'AI DÉTERMINÉ LE DESSIN DE CE PERSONNAGE SELON MES PROPRES GOÛTS. C'EST POURQUOI J'AIME LA DESSINER, MÊME SI LE REFLET DE SA CHEVELURE DEMANDE TOUJOURS UN TRAVAIL ÉNORME ! J'AURAIS AIMÉ LA RENDRE PLUS JOLIE, MAIS ELLE A TOUJOURS UN PETIT AIR CAMPAGNARD ET PEU RAFFINÉ. J'ESSAIERAI DE LUI CONFÉRER PLUS DE CHARME EN VARIANT LES MOTIFS DE SES KIMONOS...

Scène 3

YAHIKO MYÔJIN,
DESCENDANT DE SAMOURAÏS DE TÔKYÔ

L'ÉCOLE KAMIYA PEUT ENFIN RENAÎTRE !

WAOUH ! IL Y A AU MOINS QUINZE PERSONNES !

LE LENDEMAIN DE LA DÉFAITE DE LA POLICE ARMÉE FACE À KENSHIN...

... LES RUMEURS ONT EU BON TRAIN, ET BEAUCOUP SONT VENUS VISITER LE DÔJO KAMIYA.

BLAH

UN

DEUX

TROIS...

BLAH

CE N'EST PAS FORCÉMENT UN BIEN...

ÉCOUTEZ...

QUOI ?!

... JE VOUS PRIE DE PARTIR.

SI VOUS ÊTES VENUS PARCE QUE VOUS AVEZ ASSISTÉ AU COMBAT D'HIER...

BLAH BLAH

... JE N'APPARTIENS PAS À CETTE ÉCOLE ET JE NE PRENDRAI AUCUN DISCIPLE.

...

BIEN, BIEN...

EUH... JE VAIS PRÉPARER UN PETIT BAIN...

FLOUUU

82

CELA NE JUSTIFIE PAS LE FAIT QUE TU LEUR AIES DEMANDÉ DE PARTIR !

C'EST PARCE QUE JE NE SUIS PAS DE...

AH

¡IDIOT !

TOUT LE MONDE EST PARTI, MAINTENANT !

L'ÉCOLE A BESOIN DE DISCIPLES POUR CONTINUER !

MAIS IL NE FAUT PAS LEUR MENTIR...

WARA

CM BQM

BAM

VOUS ÊTES ENCORE FÂCHÉE ?

IL FAUT ÊTRE HONNÊTE !

BIEN SÛR QUE OUI ! ILS ÉTAIENT AU MOINS QUINZE !

IL FAUT SAVOIR ÊTRE PATIENT.

NOUS NE POUVONS RIEN POUR LE MOMENT ...

CELA REVIEN- DRAIT AU MÊME...

CEUX QUI DEVIENNENT DISCIPLES PAR PURE CURIOSITÉ NE RESTERONT PAS PLUS DE SIX MOIS...

...

84

MAIS...

LÂCHE-MOI, SORCIÈRE !

SHUNCH

QUOI ?!

LA FERME !

OUAH

QUEL EFFRONTÉ ! SACHE QU'ON M'APPELLE "LA BEAUTÉ KENDÔKA", ICI !

A... ATTENDS, KENSHIN !

BON, ON Y VA !

CE QUI EST VOLÉ EST VOLÉ.

CALMEZ-VOUS...

TAP

... NE TE LAISSE PAS ATTRAPER, LA PROCHAINE FOIS.

PETIT ...

GRili

DOiiii NNG

JE NE SUIS PAS PETIT !

! OYO !

JE SUIS YAHIKO MYÔJIN, DESCENDANT DE SAMOURAÏS DE TÔKYÔ !

JE N'AI PAS BESOIN DE TA PITIÉ !

JE NE SUIS PAS PETIT, JE TE DIS !

HÉ, PETIT...

J'AI VOLÉ TA BOURSE POUR ME MOQUER DE TOI PARCE QUE TU FAISAIS LE FIER AVEC TON SABRE !

JE NE SUIS PAS UN VOLEUR, CRÉTIN !

TU ES UN ENFANT MAIS TU RAISONNES COMME UN ADULTE...

EXCUSE-MOI, JE T'AI SOUS-ESTIMÉ.

GRRR

POUR QUI TU TE PRENDS ?

AH OUI, C'EST CE QUE TU VEUX ?

PEU IMPORTE...

GRRR

... COMME UN ADULTE.

... MAIS TU RAISONNES...

TU ES UN ENFANT...

ÇA ME DÉGOÛTE DE VOLER, C'EST TELLEMENT MINABLE.

UN ADULTE...

VOILÀ UNE BONNE OCCASION DE TE RAPPELER QUI EST TON MAÎTRE !!

C'EST TON ARROGANCE QUI ME DÉGOÛTE !

FIOU... J'AI BIEN TRAVAILLÉ, MOI.

JE RENTRE PRENDRE UN BON BAIN !

J'ESPÈRE QUE KENSHIN N'A PAS OUBLIÉ DE LE PRÉPARER.

COMME IL EST RENTRÉ PLUS TÔT, IL L'A SANS DOUTE DÉJÀ FAIT.

TIENS ?

GROUPE KANTO SHÛEI

TSS...

QUELLE TÊTE DE MULE !

POC POC

C'EST...

* JE DOIS VAINCRE

ARRÊTE UN PEU, GASUKÉ "LE TUEUR". SI TU INSISTES TROP...

... LE GAMIN VA Y RESTER.

UN SEUL MOT D'EXCUSE ME SUFFIRA.

CHEF...

SI TU T'IMAGINES POUVOIR VIVRE DE TES ORIGINES SAMOURAÏS, TU TE TROMPES.

ÉCOUTE, YAHIKO... COMMENT VEUX-TU SURVIVRE SANS VOLER ?

D'AILLEURS, POUR NE PAS PERDRE LE SENS DE L'HONNEUR, LES SAMOURAÏS SOMBRENT TOUS DANS LA MISÈRE...

L'ÈRE MEIJI NE CONSIDÈRE PLUS CETTE DISTINCTION.

L'HONNEUR NE TE NOURRIRA PAS !

C'EST PITOYABLE...

MIAM

ET QUAND ON ARRÊTE DES BANDITS, ON DÉCOUVRE LE PLUS SOUVENT QU'ILS SONT D'EX-SAMOURAÏS.

DES MILLIERS DE FEMMES ISSUES DE LA NOBLESSE SE RETROUVENT DANS LES MAISONS DE PLAISIRS...

C'EST FINI.

JE NE LE RÉPÉTERAI PAS...

... ET JE T'AUTORISERAI À RESTER ICI COMME HOMME DE MAIN DE TANISHI.

OUBLIE TES ORIGINES, YAHIKO. APPRENDS À VIVRE !

SALE GAMIN !

COMMENT OSES-TU TE MONTRER SI INGRAT DEVANT CELUI QUI T'A RECUEILLI À LA MORT DE TES PARENTS ?!

JE NE SAIS PAS DUQUEL DES DEUX TU TIENS. MAIS COMME ON DIT, TEL PÈRE, TEL FILS...

QUANT À TA MÈRE, ELLE EST MORTE AUSSITÔT APRÈS S'ÊTRE VENDUE, COMME UNE PAUVRE CATIN !

TU OUBLIES LE RESPECT QUE TU LUI DOIS !

CERTES TON PÈRE ÉTAIT SAMOURAÏ, MAIS UN SAMOURAÏ DE PETITE ENVERGURE !

CE N'ÉTAIT QU'UN CRÉTIN QUI S'EST FAIT TUER PARCE QU'IL S'OPPOSAIT AU GOUVERNEMENT JUSTE APRÈS LA RESTAURATION !

AHHAAAH

!

TA GUEULE!!

...　　...

APRÈS AVOIR
REFUSÉ DE TRAHIR LE
BAKUFU *, MON PÈRE
S'EST PRÉSENTÉ
COMME VOLONTAIRE
DANS L'ARMÉE DE
SHÔGI-TAÏ ET IL Y
EST MORT !

AARGH !

GA-
SU-
KÉ !

KRR

KRRR

VLAM

MA
MÈRE S'EST
SACRIFIÉE
POUR M'ÉLEVER
ET EST
DÉCÉDÉE
D'UNE MALADIE,
SUITE AU
SURMENAGE !

* BAKUFU = LE GOUVERNEMENT D'EDO

93

... QUI ES-TU ?!

?!

QUI...

C'EST UNE INVASION ! TOUT LE MONDE À L'ATTAQUE !!

!

DEVANT LEUR REFUS DE ME LAISSER ENTRER, J'AI DÛ FAIRE UN PEU DE MÉNAGE.

VOUS POUVEZ TOUJOURS APPELER... PERSONNE NE BOUGERA.

ZIP

ÉCOUTEZ-MOI BIEN ...

JE VOUS PRIE DE LAISSER LE PETIT EN PAIX ET DE ME LE CONFIER...

ARGH

JE N'AVAIS PAS FINI MA PHRASE...

FLOP

FLOP

...

FLOP.

FLOP

À PRÉSENT, TU TE TAIS !

JE CROIS QUE C'EST LA MEILLEURE SOLUTION POUR VOUS. CELA VOUS ÉVITERA L'HUMILIATION DE PERDRE TOUS VOS HOMMES...

JE SUIS DÉSOLÉ D'ARRIVER SI TARD. J'AI EU DU MAL À TROUVER LEUR REPAIRE.

TU VAS BIEN, PETIT ?

MERCI BEAUCOUP.

JE VOUS EN SUIS TRÈS RECONNAIS-SANT.

D'A... D'ACCORD. LE PETIT EST À TOI.

FAP

TCHAC

SON REGARD EST CELUI D'UN TUEUR...

PAS CELUI D'UN YAKUZA, MAIS UN AUTHENTIQUE REGARD DE TUEUR...

C'EST TRÈS RARE À NOTRE ÉPOQUE...

ARRÊTE ! LAISSE-LE !

JE... JE NE TE LAISSERAI PAS PARTIR COMME ÇA !

LE MIEUX, C'EST ENCORE DE LUI RENDRE LE GAMIN.

SI NOUS NOUS BATTONS CONTRE LUI, NOUS SOMMES SÛRS D'Y RESTER.

ZUT !

ZUT !

ZUT !

ZUT !

ZUT !

ZUT !

... POUR POUVOIR ME DÉFENDRE TOUT SEUL !

Z U T ! JE VEUX DEVENIR FORT ...

... ET DÉFENDRE ONNEUR DE MES RENTS !

... PETIT ?

TU TE SENS IMPUISSANT...

JE VOIS ...

...

JE NE M'INQUIÈTE PAS POUR KENSHIN...

... MAIS PLUTÔT POUR CE GARÇON ...

IL EST EN RETARD ...

POW!

BON, MAINTE- NANT À TOI DE JOUER.

...

+++

TOUT À FAIT.

C'EST AINSI ...

TU DEVIENDRAS FORT... ...YAHIKO.

TOUT EST EN ORDRE.

... YAHIKO MYÔJIN, DESCENDANT DE SAMOURAÏS DE TÔKYÔ.

TU N'AS PAS BESOIN DE ME LE DIRE !

PFF !

... QU'APPARUT UN NOUVEL HABITANT AU DÔJO KAMIYA...

EUH... ET SI ON ALLAIT CHEZ LE MÉDECIN ...

PIN

ET ALORS ?

TU M'AS ENCORE INSULTÉE TOUT À L'HEURE ?!

DANS LE SECRET DE LA CRÉATION DES PERSONNAGES

TROISIÈME PARTIE :

YAHIKO MYÔJIN

●

CE PERSONNAGE EST DIRECTEMENT INSPIRÉ DU COLLÉGIEN QUE J'ÉTAIS.

À L'ÉPOQUE, JE FAISAIS PARTIE D'UN CLUB DE KENDÔ. BIEN QUE JE ME SOIS INSCRIT SANS MOTIVATION PARTICULIÈRE, JE ME SUIS TRÈS VITE IMPLIQUÉ AVEC AUTANT DE PASSION QUE POUR LE MANGA. TOUS LES JOURS APRÈS L'ENTRAÎNEMENT, JE RENTRAIS À LA MAISON TRÈS FATIGUÉ. MALHEUREUSEMENT, JE N'ÉTAIS JAMAIS TRÈS VICTORIEUX.

MALGRÉ MA TAILLE (1 MÈTRE 83), JE N'OBTENAIS AUCUN RÉSULTAT. DURANT CES TROIS ANNÉES DE KENDÔ AU COLLÈGE, JE N'AI ÉTÉ SÉLECTIONNÉ QU'UNE SEULE FOIS POUR UN TOURNOI COLLECTIF. MAIS LÀ ENCORE, CE N'ÉTAIT QU'EN TANT QUE REMPLAÇANT D'UN MEMBRE DISQUALIFIÉ POUR MAUVAISE CONDUITE. MALGRÉ CETTE OPPORTUNITÉ, JE N'AI REMPORTÉ AUCUN MATCH. LE DÉPIT, LA FRUSTRATION QUE J'AI ÉPROUVÉE, CE DÉSIR DE DEVENIR FORT ET LE MÉPRIS DE MOI-MÊME FACE À MES FAIBLESSES ONT DONNÉ VIE À YAHIKO MYÔJIN, CE PERSONNAGE QUI N'EST PAS UN HÉROS COMME KENSHIN OU SANOSUKÉ. POUR PLUS DE DÉTAILS À CE SUJET, JE VOUS RENVOIE À "RURÔNI", UNE ANNEXE DE 45 PAGES INCLUSE DANS LE VOLUME 3.
POUR LE MOMENT YAHIKO JOUE UN RÔLE PLUTÔT COMIQUE, MAIS J'ESSAIE DE FAIRE SENTIR AUX LECTEURS QU'IL DEVIENDRA UN FORMIDABLE EXPERT EN SABRE DANS CINQ OU DIX ANS. PATIENCE...

COMME KAORU, YAHIKO N'A PAS DE RÉFÉRENCE GRAPHIQUE PRÉCISE. C'EST PLUTÔT UN GARÇON TYPIQUE DE MANGA, LES CHEVEUX EN DÉSORDRE ET LES YEUX EN AMANDE.

AH OUI ?! QU'EST-CE QUE JE DOIS FAIRE ALORS, SORCIÈRE ?!

LA BLESSURE DE YAHIKO A GUÉRI EN MOINS D'UNE SEMAINE. LES EXERCICES DE SABRE ONT ENFIN PU COMMENCER, RÉANIMANT AINSI L'ACTIVITÉ DU DÔJO...

NON ! LA PRISE EST ENCORE MAUVAISE !

Scène 4 - "Pour un nouveau départ de l'École de l'Esprit Vivant"

MAIS ...

VAS-Y, PUISQUE TU T'EN CROIS CAPABLE !

OYO

PAO

JE T'INTERDIS DE M'APPELER COMME ÇA !

CONTINUE ET JE T'ÉTRIPE !

ILS SONT TOUS LES DEUX TELLEMENT NERVEUX ...

Scène 4 -
"Pour un nouveau
départ de l'École
de l'Esprit Vivant"

ATTENDEZ !!

AH

HÉ !

RAPATAP RAP TAP

YAHIKO
YAHIKO

...
...

* ÉCOLE DE L'ESPRIT VIVANT

GRR

NON SEULEMENT IL EST MAL ÉLEVÉ, MAIS EN PLUS IL N'A AUCUNE PATIENCE.

QU'EST-CE QUE KENSHIN A BIEN PU LUI TROUVER ?

PONG

...

C'EST SEULEMENT LE DEUXIÈME JOUR ET IL EST DÉJÀ ABSENT !

YAHI-KOOO !!

JE NE SUIS QU'UN MAÎTRE ADJOINT EN COURS D'APPRENTISSAGE...

JE ME DEMANDE MÊME SI TU ES ASSEZ COMPÉTENTE POUR ENSEIGNER !

TOP !!

J'AI TOUT ENTENDU ! TU EN AS TROP DIT !

J'AI DÉCIDÉ D'APPRENDRE LE SABRE TOUT SEUL, AU LIEU DE PERDRE MON TEMPS AVEC TOI !

MAIS LÂCHE-MOI, ESPÈCE DE CHAUVE-SOURIS !

... EN TOUT CAS, JE SUIS PLUS FORTE QUE TOI. ALLEZ, VIENS !

MAIS...

MA...

... MADE-MOISELLE KAORU !

PAM

HIRA !

AI... AIDEZ-NOUS !

108

...

ET PUIS LEURS AMIS...

... ONT COMMENCÉ À NOUS POURSUIVRE.

OÙ SONT-ILS ?!

LÀ !

EXPLIQUEZ-MOI !

QUE SE PASSE-T-IL ?

AH

AH

COMME ILS MENAÇAIENT AUTRUI, NOUS NOUS SOMMES INTERPOSÉS.

EUH... EH BIEN... ILS ÉTAIENT IVRES ET CAUSAIENT DES TROUBLES EN VILLE...

ILS SONT LÀ !

ENTRONS DANS LE DÔJO !!

ZIP

IL Y EN A TROP !

ILS... ILS SONT SI NOMBREUX...

MAIS CES TYPES...

TAP TAP TAP TAP

AH AH

NOUS ALLONS LEUR APPRENDRE À S'OPPOSER AU CLAN HISHI MANJI GURENTAI !

SHH

PFF, TRÈS BIEN.

BAOO

ZUT !

HACHI-SUKA !

HEIN ?!

OÙ EST-IL DONC ?!

MAIS QUE FAIRE ? KENSHIN N'EST PAS LÀ POUR LE MOMENT...

C'EST UNE BANDE DE VOYOUS, DE FUTURS CRIMINELS.

ILS N'ONT AUCUNE LIMITE, ILS SONT PIRES QUE LES YAKUZA !

HISHI MANJI GURENTAÏ ?!

ÇA Y EST, JE ME RAPPELLE. C'EST LE GROUPE HISHI MANJI GURENTAÏ.

PFF...

IL EST PARTI ACHETER DE L'HUILE, DU RIZ, DU SOJA ET DU MISO.

Avait-on vraiment besoin de tout ça ?

CE N'EST PAS LEUR FAUTE.

QU'EST-CE QUE VOUS VOULEZ QU'ON FASSE ? C'EST VOUS QUI AVEZ PROVOQUÉ TOUT CELA !

QU... QUE PEUT-ON FAIRE, M.LLE KAORU ?

TU CROIS VRAIMENT À LEUR HISTOIRE ?

TU ES VRAIMENT NAÏVE...

?!

CE NE SONT SÛREMENT PAS LES TYPES DE HISHI MANJI QUI VOUS ONT PROVOQUÉS SOUS L'EMPRISE DE L'ALCOOL.

C'EST VOUS QUI AVEZ COMMENCÉ, N'EST-CE PAS ?

J'AI REMARQUÉ QUE VOUS SENTIEZ L'ALCOOL, TOUT À L'HEURE.

EH BIEN ?

... PARDON.

...

EST-CE VRAI ?

BLAWOM!

?!

UN CANON EN BOIS !!

OÙ ONT-ILS TROUVÉ UN TRUC PAREIL ?!

SORTEZ DE LÀ TOUT DE SUITE !

HI HA HA ! PERSONNE NE PEUT RÉSISTER À HISHI MANJI !

CANON EN BOIS : ARME UTILISÉE JUSQU'À LA FIN DE L'ÈRE EDO. BIEN QU'EN BOIS ET N'UTILISANT QUE DES PROJECTILES EN TERRE GLAISE, SA PUISSANCE ÉTAIT COMPARABLE AUX AUTRES CANONS.

SINON ON DÉTRUIT TOUT !

BRO

BRO

VOUS ALLEZ PAYER POUR CELUI À QUI VOUS AVEZ CASSÉ LE BRAS !

HÉ ! HÉ ! VOUS POUVEZ TOUJOURS SORTIR VOS SABRES !!

SURPRISE ? C'EST CELA, LA FORCE HISHI MANJI !

AVEZ-VOUS UTILISÉ LE SABRE SOUS L'EMPRISE DE L'ALCOOL ?!

AVEZ-VOUS BLESSÉ QUELQU'UN ?

...

BRRR

VOUS N'AVEZ PLUS LE DROIT DE VENIR DEMANDER DE L'AIDE ICI !

SI VOUS ÊTES D'ANCIENS DISCIPLES DE CETTE ÉCOLE, VOUS ÊTES DE CEUX QUI ONT FUI LORS DE L'AFFAIRE DU FAUX BATTOSAÏ, N'EST-CE PAS ?!

... MAIS CES TYPES-LÀ SONT BIEN PIRES.

LES HISHI MANJI SONT DES CRÉTINS SANS CERVELLE...

IL N'Y A PAS D'ENDROIT OÙ VOUS CACHER !

SORTEZ !

KRAAK

KA SH

HI

HEIN ?

VOUS ÊTES TOUT AUSSI CONCERNÉS ...

... PUISQUE VOUS AVEZ PROTÉGÉ CES IDIOTS !

TU PEUX LES EMMENER AVEC TOI ! CELA NE NOUS CONCERNE PLUS.

M... MAIS...!

LAISSEZ-LES EN DEHORS DE TOUT ÇA !

J'ASSUME L'ENTIÈRE RESPONSABILITÉ DE CETTE AFFAIRE.

!

... QUE LE SABRE PROTÈGE LA VIE...

KLAK

JE CROYAIS LEUR APPRENDRE ...

HÉ ! QU'EST-CE QUE TU DIS LÀ ?!

MAIS JE ME SUIS TROMPÉE...

MÊME S'ILS N'APPARTIENNENT PLUS À CETTE ÉCOLE, JE SUIS POUR UNE GRANDE PART RESPONSABLE DE LEUR MAUVAISE CONDUITE AU SABRE.

MON PÈRE ET MOI LEUR AVONS APPRIS LE KENDÔ.

YAHIKO, MALGRÉ TA MAUVAISE ÉDUCATION, TU AS UNE BONNE APPROCHE DU KENDÔ.

CONTINUE À LA DÉVELOPPER.

ALORS TU COMPTES ENDOSSER TOUTE LA RESPONSABI-LITÉ... ?

CE N'EST PAS SI MAL QUE ÇA, UNE FILLE KENDÔKA !

HIN HIN

GHAA !!

BRA

DOOM !!

ASSEZ PLAISANTÉ !!

C'EST LE VAGABOND QUI A VAINCU LES POLICIERS ARMÉS TOUT SEUL...

J'EN SUIS SÛR !

HEIN ?

HACHI-SUKA... C'EST LUI !

TAIS-TOI ! MAIS QUI EST-CE ?!

NOUS AVONS UN CANON ! CHARGEZ !

OUAIS !!

ZOOF

CRÉTIN ! NOUS N'AVONS AUCUNE RAISON DE CRAINDRE UN SIMPLE VAGABOND !

BAM

!

FEU !

AHH !

...

... N'OUBLIE PAS D'ALLER CHEZ LE MÉDECIN... POUR TON ÉPAULE.

NE VOUS DÉCOURAGEZ PAS, KAORU.

... SON BUT.

IL PEUT ARRIVER QUE VOTRE SINCÉRITÉ N'ATTEIGNE PAS...

ET SÉCHEZ-MOI VITE CES LARMES.

NE T'INQUIÈTE PAS, JE NE DEVIENDRAI PAS COMME EUX...

!

TAP TAP TAP TAP

JE NE PEUX PAS DEVENIR AUSSI FORT QUE KENSHIN RAPIDEMENT...

POUR L'INSTANT, JE VAIS ME CONTENTER DE TA TECHNIQUE.

JE VAIS ÊTRE TON DISCIPLE.

... CERTAINS RÉPONDENT À VOTRE INTÉGRITÉ.

QUOI QU'IL EN SOIT...

CE DÉBUT DE PRINTEMPS 1878 MARQUE UN NOUVEAU PAS POUR L'ÉCOLE. UN PETIT PAS CERTES, MAIS UN PAS CERTAIN.

JE N'AI PAS DE TEMPS À PERDRE. ON COMMENCE, KAORU !

JE VEUX DEVENIR FORT TRÈS VITE !

ÉCOLE DE L'ESPRIT VIVANT KAMIYA MAÎTRE : VACANT, MAÎTRE ADJOINT : KAORU KAMIYA, DISCIPLE : YAHIKO MYÔJIN, VAGABOND : KENSHIN HIMURA.

TU APPELLES TON MAÎTRE PAR SON PRÉNOM, À PRÉSENT ?

KENSHIN LE VAGABOND,
CHRONIQUE D'UN EXPERT EN SABRE À L'ÈRE MEIJI,
PAR NOBUHIRO WATSUKI.

Hiii...

?!

JE N'AI PAS BESOIN QUE L'ON ME DISE QUAND ARRÊTER.

C'EST BON, ON A PERDU. C'EST TOI LE PLUS FORT ! MAIS ARRÊTE, JE T'EN PRIE !

CE SERAIT PRESQUE DÉLOYAL DE POUR- SUIVRE...

VOUS ÊTES TROP FAIBLES !

JE REGRETTE D'AVOIR ACCEPTÉ UN COMBAT DE CE NIVEAU.

Scène 5
"Un esprit combatif"

Scène 5
"Un esprit combatif"

CHLOF

EN RANGEANT LE GRAND PLACARD...

... J'AI TROUVÉ UNE ŒUVRE DE MON GRAND-PÈRE !

INUTILE DE NOUS INQUIÉTER DE NOS REVENUS POUR LES MOIS À VENIR !

NON, UNE ENCRE DE CHINE !!

OH, UN DESSIN !

NOUS ALLONS FÊTER CELA À L'AUBERGE DE SUKIYAKI !

NOUS POUVONS OBTENIR UNE BELLE SOMME POUR CETTE ŒUVRE...

MON GRAND-PÈRE ÉTAIT UN PEINTRE RECONNU, TOUT AUTANT QU'UN ÉMINENT KENDÔKA...

MERCI BEAUCOUP, GRAND-PÈRE !

TU NE RATES JAMAIS UNE OCCASION DE ME TAPER, HEIN ?

CETTE FILLE NE PENSE QU'À COMPTER L'ARGENT... UN VRAI BOULIER !

L'OUVERTURE SUR L'OCCIDENT À L'ÈRE MEIJI A ÉGALEMENT INFLUENCÉ LA CUISINE DE L'ÉPOQUE. DE NOMBREUX NOUVEAUX METS ONT ÉTÉ DÉCOUVERTS DURANT CETTE PÉRIODE.

LE SUKIYAKI PAR EXEMPLE (SORTE DE FONDUE DE BŒUF) REPRÉSENTAIT À L'ÉPOQUE LA CUISINE OCCIDENTALE À LA PORTÉE DE TOUTES LES BOURSES. C'ÉTAIT DEVENU LE PLAT LE PLUS POPULAIRE.

VRAM

BLA

BLA

BONJOUR ! BIENVENUE !

BONJOUR KAORU !

MAIS NON ! C'EST UN EXPERT EN SABRE QUI LOGE AU DÔJO.

LUI, C'EST TON PETIT AMI ?

JE SUIS HEUREUSE DE TE REVOIR !

TU AS BONNE MINE... MAIS DIS-MOI...

... JE NE CONNAIS PAS ENCORE TES AMIS...

MAIS BIEN SÛR...

* AKABEKO GYÛ-NABÉ, RESTAURANT OÙ L'ON SERVAIT DU BŒUF

MAIS CELA ENTRAÎNERAIT LA CHUTE DE MONSIEUR ITAGAKI...

POUR FAIRE ACCEPTER LES NOTIONS DE LIBERTÉ ET DE DROITS DU PEUPLE, IL FAUT ÊTRE BIEN PLUS RADICAL !

IL A RAISON. LE MINISTRE DE L'INTÉRIEUR OKUBO A ÉTÉ IMPITOYABLE, MÊME VIS-À-VIS DU GRAND SAIGÔ.

?!

NE DIS PAS DE BÊTISES. UN HÉROS MYTHIQUE ? CE GENRE DE ROMANTISME N'A AUCUN INTÉRÊT !

LA MORT DE MONSIEUR ITAGAKI SIGNIFIE LA MORT DE LA LIBERTÉ !

OKUBO EST GRAND HOMM À SA MORT, SERA UN HÉ MYTHIQUE COMME L'A É LE GRAND SAIGÔ.

ET TROIS CAFÉS ÉGALEMENT.

NE FAITES PAS ATTENTION À EUX. SUKIYAKI POUR TROIS PERSONNES ?

...!

...!

JE NE COMPRENDS RIEN À LEUR JARGON...

ILS ONT L'AIR DE FERVENTS PARTISANS DU "MOUVEMENT DE LA LIBERTÉ ET DES DROITS DU PEUPLE".

CE SONT DES CLIENTS OCCASIONNELS, SONT TOUJOUR COMME ÇA QU ILS SONT IVRES...

CE NE SONT QUE DES IVROGNES !

KEN-HIN ?

VOUS ÊTES DE BONNE HUMEUR TOUS LES...

BIEN SÛR QUE OUI !

YAHIKO, AS-TU DÉJÀ GOÛTÉ DU CAFÉ ?

FRT... FRT...

?!!

LASH

... ET EXCUSEZ-VOUS TOUT DE SUITE !!

VOUS VENEZ DE BLESSER QUELQU'UN AVEC VOTRE BOUTEILLE ! ARRÊTEZ...

TRÈS BIEN !!

QUOI ? RÉPÈTE CE QUE TU VIENS DE DIRE ! KEN-SHIN !

TU N'ES QU'UNE MARION-NETTE !!

OYO OYO !

TIENS, CE N'EST PAS UNE MAUVAISE IDÉE...

WOOO...

ÇA VA ?

O... OUI.

COMMENT ?! MAIS QUEL CULOT !!

D'HABITUDE, C'EST MOI QUI DÉCIDE D'UN COMBAT. MAIS J'AI HORREUR DE M'EN PRENDRE AUX PLUS FAIBLES OU DE VOIR D'AUTRES LE FAIRE.

TU CHERCHES LA BAGARRE ?

GRRR !!

GNIARK

SORS D'ICI !!

* CALLIGRAPHIE DU MOT "ABONDANCE"

JE SUPPORTE ENCORE MOINS...

... LES HYPOCRITES QUI AFFICHENT DES IDÉAUX DE LIBERTÉ, DE JUSTICE ET D'ÉGALITÉ !

HOO
HAA

WAO

BLAH
BLAH
BLAH

*こべ赤

LAISSE-
LES FAIRE
CE QU'ILS
VEULENT.

NE VAUT-
IL PAS
MIEUX LES
ARRÊTER ?

L'AFFAIRE
PREND UNE
DRÔLE DE
TOURNURE...

PAUVRE
ENFANT !

JE TE
PRÉVIENS QUE
JE N'AURAI
AUCUNE PITIÉ...

CRAK
CRAAK

JE VEUX
D'ABORD
TESTER TA
FORCE...

DONNE-MOI
DONC UN
COUP, ICI.

CRAK
CRAK

* AKABEKO GYÛ-NABÉ,
RESTAURANT OÙ L'ON SERVAIT DU BŒUF.
LA VIANDE DE BŒUF EST ENCORE À L'HEURE
ACTUELLE UN METS LUXUEUX QUE L'ON SERT
AVEC PARCIMONIE AU JAPON.

ENCORE UN COMBAT SANS INTÉRÊT.

ZIIIIIF

JE TOLÉRERAI DES QUERELLES DE SOÛLARDS...

... MAIS JE SERAI SANS MERCI SI TU ENTENDS UTILISER TON SABRE.

BON SANG !

HIIIYA ...

UNE SEULE PICHE-NETTE...

KSIIIF

RÉGLEZ VOTRE ADDITION ET DISPARAISSEZ.

MAIS CHARITÉ BIEN ORDONNÉE COMMENCE PAR SOI-MÊME.

JE SUIS MOI AUSSI POUR LA LIBERTÉ ET LES DROITS DU PEUPLE.

...

JE SUIS DÉSOLÉ POUR TOUS LES TROUBLES OCCASIONNÉS.

INUTILE DE ME REMERCIER. J'AIME LES BAGARRES DE TOUTE FAÇON.

WOOOOOOO

MERCI BEAUCOUP. VOUS NOUS AVEZ SAUVÉS.

JE VOIS ...

CE SERAIT RIDICULE QUE TA BLESSURE SOIT GRAVE ALORS QUE TU AS PRIS CE COUP EXPRÈS, N'EST-CE PAS ?

HUM ?!

SALUT, KENDÔKA.

TU ES BLESSÉ À LA TÊTE ?

OH, CE N'EST PAS GRAVE.

138

CI-DESSUS, UNE BOUTIQUE DE KIMONOS.

* LE MAL

ET LUI...

... IL EST BON OU MAUVAIS ?

TU LE CONNAIS, TAÉ ?

À PROPOS...

IL EST PARTI SANS PAYER...

C'EST UN DRÔLE DE GARÇON...

ON DIRA QUE C'EST UN MAL NÉCESSAIRE !

HUM... AINSI C'EST AVEC CE TYPE QUE VOUS VOULEZ QUE JE ME BATTE.

C'EST CELA.

JE CROIS QUE VOUS EN ÊTES CAPABLE.

MOURIR OU NE PAS MOURIR DÉPEND DU DESTIN DE CHACUN. CE N'EST PAS MOI QUI DÉCIDE.

NE ME PARLEZ PAS COMME SI J'ÉTAIS UN TUEUR PROFES-SIONNEL.

MUNCH MUNCH

MIAM MIAM

TOUT CE QUE JE VEUX, C'EST M'AMUSER TOUT EN COMBATTANT.

TOUT AURAIT ÉTÉ PARFAIT SANS LUI...

JE LUI AI GARDÉ UNE CERTAINE RANCŒUR ...

MAIS COMMENT AVEZ-VOUS RÉUSSI À VOUS ÉVADER DE PRISON ?

C'EST PITOYABLE ...

MUNCH MUNCH

JE NE VEUX PAS D'UN FAIBLARD. JE COMMENCE À EN AVOIR MARRE DES BAGARRES SANS INTÉRÊT. ÇA FAIT DEUX JOURS QUE ÇA DURE.

ALORS, CE "KENSHIN" DONT TU PARLES, IL EST SI FORT QUE ÇA ?

N'AP-PROCHE PAS TA SALE TÊTE !

CALMEZ-VOUS ET ÉCOUTEZ-MOI BIEN.

HOOOO

GRRR

IMBÉCILE, TU PRENDS ÇA POUR UNE RÉFÉRENCE... TU PENSES QUE C'EST UNE PREUVE DE SA FORCE ?

DOM

IL EST TRÈS FORT ! IL M'A BATTU D'UN COUP DE SABRE !

C'EST VRAI ?!

... !!

CE KENSHIN EST EN FAIT PSS PSS PSS...

JE VAIS ENFIN POUVOIR ME SERVIR DE MON ARME !

HUM.

QU'EN PENSEZ-VOUS, MONSIEUR ZANZA. CE SERAIT UN ADVERSAIRE À VOTRE HAUTEUR, N'EST-CE PAS ?

ZOOOOF

BATTOSAÏ HIMURA, L'ASSASSIN LÉGENDAIRE ...

... CONTRE MOI, ZANZA, L'ESPRIT COMBATIF ! C'EST BIEN L'HOMME QU'IL ME FAUT !!

DANS LE SECRET DE LA
CRÉATION DES PERSONNAGES

QUATRIÈME PARTIE :

LES FRÈRES HIRUMA, KIHEH ET GOHEH

•

CES PERSONNAGES ONT ÉTÉ CRÉÉS PAR SIMPLE NÉCESSITÉ NARRATIVE. EN CONSTRUISANT LE PREMIER ÉPISODE, J'AI CLASSÉ LES RÔLES DE "MÉCHANTS" EN DEUX TYPES : LES CALCULATEURS ET LES BRUTES. POUR ÉVITER D'AVOIR À EXPLIQUER LES MOTIVATIONS DE TOUS LES PERSONNAGES (IL M'AURAIT FALLU DES CENTAINES DE PAGES !), J'AI DÉCIDÉ DE LIER KIHEH ET GOHEH NON PAR LEURS INTÉRÊTS COMMUNS MAIS PAR LE SANG. C'EST AINSI QUE CES DEUX-LÀ SONT DEVENUS FRÈRES.

POUR LE MODÈLE GRAPHIQUE, KIHEH EST INSPIRÉ D'UN PERSONNAGE DE "LA LÉGENDE D'UN HOMME FORT" DU MAÎTRE TAKESHI OBATA. GOHEH TIRE SON ORIGINE D'UN INDIVIDU DÉCOUVERT DANS UN MAGAZINE ET DONT J'AI FAIT LE CROQUIS, ATTIRÉ PAR SON CÔTÉ PITTORESQUE. CONTRAIREMENT AUX AUTRES PERSONNAGES, LES VISAGES DES FRÈRES HIRUMA ONT DES TRAITS CARACTÉRISQUES COMMUNS, CE QUI FACILITE LEUR DESSIN À TEL POINT QU'IL M'EST ARRIVÉ D'ÉPROUVER DE L'AFFECTION POUR EUX LORSQUE JE TRAVAILLAIS DANS L'URGENCE. NÉANMOINS, ILS N'APPARAÎTRONT PLUS DANS L'HISTOIRE (RIRES).

... DEUX MINUTES POUR CE
DESSIN. FACILE, NON ?

KENSHIN HIMURA, 28 ANS

KAORU KAMIYA, 17 ANS

YAHIKO MYÔJIN, 10 ANS

Scène 6
"La confrontation avec Sanosuké Sagara"

GOHEH, 37 ANS

KIHEH, 45 ANS

SANOSUKÉ SAGARA, 19 ANS

145

PFFF...

PERRUQUE

"BATTOSAÏ HIMURA, L'ASSASSIN LÉGENDAIRE
...

... CONTRE MOI, ZANZA L'ESPRIT COMBATIF ! C'EST BIEN L'HOMME QU'IL ME FAUT !!"

J'ESPÈRE QU'IL NE S'EST PAS ENFUI...

IL A DISPARU DEPUIS DEUX SEMAINES !

OÙ A-T-IL BIEN PU PASSER ?

WOOO

PFF, TU PARLES ...

"TOUT CE QUE JE VEUX C'EST M'AMUSER EN COMBATTANT."

POW POW

!!!

LE VRAI

C'EST TOI QUI PARLES TROP.

OH !

UN AUTRE COMBAT ?

JE ME BATTAIS.

MAIS NON, CRÉTIN...

SI TU CONTINUES COMME ÇA, TU VAS TE RETROUVER LA TÊTE À L'ENVERS, COMPRIS ?

O... OH... MONSIEUR ZANZA, OÙ ÉTIEZ-VOUS PASSÉ ?

VOUS ET VOTRE SBIRE, VOUS NE POURREZ JAMAIS COMPRENDRE CE QUE ÇA SIGNIFIE.

UN COMBAT, CE N'EST PAS SIMPLEMENT UN ÉCHANGE DE COUPS DE POING.

... FIXE LUI-MÊME SON TARIF SELON L'INTÉRÊT DES COMBATS. C'EST UN LOUP SOLITAIRE EFFRONTÉ...

ZANZA, L'ESPRIT COMBATIF...

... RENOMMÉ DANS LES MILIEUX OBSCURS DE L'EST DE TÔKYÔ...

ON DIT QUE CEUX QU'IL A VAINCUS VOIENT TOUJOURS LE SYMBOLE DU MAL APPARAÎTRE DANS LEURS RÊVES.

MAIS IL EST FORT !

EN UTILISANT CET HOMME, NOUS RÉUSSIRONS À ÉLIMINER CELUI QUE NOUS HAÏSSONS...

HÉHÉ

... BATTOSAÏ HIMURA !

AH ?

TOC

NOUS AVONS UN VISITEUR.

J'AI SENTI UNE ÉNERGIE...

?

M... MAIS, KEN- SHIN... QUE SE PASSE- T-IL ?

TAP TOP

... UNE ÉNERGIE DE COMBAT PUR...

MAIS ELLE EST TELLEMENT FLAGRANTE.

... POUR ME BATTRE.

JE SUIS VENU...

ET PUIS ...

... JE TIENS À CE COMBAT CONTRE BATTOSAÏ HIMURA LE PATRIOTE.

JE SUIS MANDATÉ POUR CE COMBAT, JE NE PEUX PAS ME RETIRER.

À PRÉSENT, SI.

LUI ?!

MAIS JE VOUS AI DIT QUE JE NE ME BATTRAI PAS.

JE SAVAIS QUE VOUS VIENDRIEZ ...

LA PREMIÈRE MOITIÉ DE TA CARRIÈRE A CONSISTÉ À "ASSASSINER".

TU ÉTAIS UN ASSASSIN DE SANG-FROID VIVANT DANS L'OMBRE.

... À L'ÂGE DE 14 ANS, ET OFFICIES COMME TEL DURANT CINQ ANS.

TU ES BATTOSAÏ HIMURA, PATRIOTE DE CHÔSHÛ...

TU UTILISES LA TECHNIQUE TRADITIONELLE DE L'ÉCOLE HITEN MITSURUGI.

SI TU ES VENU CÉLÈBRE AUJOURD'HUI, C'EST GRÂCE À TON TRAVAIL REMARQUABLE PENDANT CETTE SECONDE PÉRIODE.

LA SECONDE MOITIÉ A CONSISTÉ À PROTÉGER TES CAMARADES DES ATTAQUES D'EXPERTS EN SABRE MANDATÉS PAR L'ANCIEN GOUVERNEMENT.

... PUIS TA DISPARITION APRÈS LA VICTOIRE DES COMBATS DE TOBA-FUSHIMI. DEVENU UN VAGABOND, TU ES AUJOURD'HUI SOUS LE NOM DE KENSHIN HIMURA.

VINT ALORS LA CRUELLE GUERRE CIVILE DE BOSHIN...

REMARQUÉ POUR TON TALENT AU SABRE, TU DEVIENS SAMOURAÏ...

AVEZ-VOUS DÉJÀ FAIT VOTRE CHOIX ?

UN VRAI COMBAT DÉBUTE TOUJOURS PAR UNE ÉTUDE COMPLÈTE DE SON ADVERSAIRE.

C'EST APRÈS QU'ON CHOISIT LES MODALITÉS DU DUEL.

LÀ EST TOUT LE PROBLÈME !

JE N'AI RIEN TROUVÉ D'ESSENTIEL SUR TON STYLE, LE "HITEN MITSURUGI" ...

MES SEULS RENSEIGNEMENTS SONT RELATIFS À TA CARRIÈRE.

... NI MÊME POURQUOI UN ASSASSIN TEL QUE TOI S'EST TRANSFORMÉ EN VAGABOND PACIFIQUE.

SHHH---

J'AI DÛ ALLER À KYÔTO, THÉÂTRE DES TROUBLES DE LA FIN DE L'ÈRE EDO, POUR RÉCOLTER TOUTES CES INFORMATIONS. JE SUPPOSE QU'ELLES SONT RELATIVEMENT CORRECTES.

C'EST LA RAISON POUR LAQUELLE J'AI OPTÉ POUR...

... UN SIMPLE CORPS À CORPS.

...

CALME-TOI. LA PERTE DE ZANZA NE CONTRARIERA PAS NOS PROJETS.

ÇA VEUT DIRE QUE...

KIHEH, TU CROIS VRAIMENT QUE ZANZA VA GAGNER ?

PFF, C'EST BATTOSAÏ QUI EST SON ADVERSAIRE. ZANZA EST PERDU D'AVANCE.

JE L'ACHÈVERAI À CE MOMENT-LÀ...

IL VA PERDRE. MAIS C'EST QUAND MÊME UN COMBATTANT RECONNU.

IL IMPOSERA UN DUEL DIFFICILE, AU PÉRIL DE SA VIE, ET IL BLESSERA BATTOSAÏ.

... QU'UN HOMME QUI DÉFEND LES OPPRIMÉS ...

JE NE COMPRENDS PAS NON PLUS...

...

... PUISSE AVOIR UNE PROFESSION AUSSI ABSURDE QUE CELLE DE COMBATTANT ?

POURQUOI S'INFLIGER LA HONTE DE PORTER LE SYMBOLE DU MAL INSCRIT DANS LE DOS ?

QUOI ?

... AVEC CETTE ARME ACHETÉE AU QUARTIER DES ÉTRANGERS ...

... À YOKO-HAMA !

HÉ ! RENDEZ-VOUS !

EH BIEN ! TU ES UN VÉRITABLE EXPERT !

SORTEZ DE LÀ.

ET PUIS JE SENS UNE ÉNERGIE NÉGATIVE DERRIÈRE CE MUR.

VENEZ LÀ, J'AI DIT !

BON. DONNE-MOI ÇA.

TRÈS BIEN.

TAP

TOP

...

NE FAIS PAS L'INNO-CENT !

TCHAK

AH !

HEIN ?

MERCI POUR VOS LETTRES, AMIS LECTEURS ! IL PARAÎT QUE J'EN REÇOIS
BEAUCOUP POUR UN MANGAKA DÉBUTANT. CERTAINS M'EN ENVOIENT
CHAQUE SEMAINE. 90% DES LETTRES PROVIENNENT DE LECTRICES. JE LES LIS
AVEC PLAISIR EN ME DISANT QUE "KENSHIN" A UN PUBLIC FÉMININ ALORS
QU'IL ÉTAIT À L'ORIGINE PUBLIÉ DANS "JUMP", UN MAGAZINE DESTINÉ AUX
GARÇONS. JE NE VOUS PROMETS PAS DE RÉPONDRE À CHACUN DE VOUS,
MAIS EN TOUT CAS, JE VOUS LIS TOUS ! ALORS ÉCRIVEZ-MOI !

WATSUKI

... TU ES FORT COMME UN OGRE !

EN TOUT CAS, ÇA N'EXPLIQUE PAS POURQUOI ...

JE N'ARRIVE PAS À RÉALISER... JE N'AI PAS PEUR DE TOI, POURTANT TU ES BATTOSAÏ L'ASSASSIN.

OUI...

ARRÊTE UN PEU TES "OYO" ET REGARDE PLUTÔT CE QU'IL TRANSPORTE... CE DOIT ÊTRE UNE LANCE !

MAIS JE M'INQUIÈTE UN PEU...

OYO ?

... QUE CELA.

C'EST BEAUCOUP MIEUX...

CE N'EST PAS UNE LANCE, PETIT.

J'AI ENTENDU DIRE QU'IL FALLAIT TROIS FOIS PLUS DE FORCE POUR SE BATTRE AVEC UNE LANCE.

159

LE ZANBATÔ DE SANOSUKÉ...

ZANBATÔ : GIGANTESQUE SABRE CRÉÉ À L'ÉPOQUE DES GUERRIERS DANS LE BUT DE TERRASSER UN ADVERSAIRE EN MÊME TEMPS QUE SA MONTURE.

LE ZANBATÔ...!

... ET FIDÈLE PARTENAIRE DE ZANZA !

VOICI LE FAMEUX...

IL N'EXISTE PAS DE PLUS GRAND SABRE. À CAUSE DE SON POIDS, PERSONNE NE RÉUSSIT À LE MANIPULER CORRECTEMENT.

MAIS IL NE M'EMPÊCHERA PAS DE T'ASSOMER...

IL NE COUPE PRESQUE PLUS...

TCHING

C'EST UNE ANTIQUITÉ QUI DATE DE LA GUERRE D'ÔNIN. IL N'A JAMAIS ÉTÉ AFFÛTÉ DEPUIS.

POUR FAIRE PLUS COURT, JE L'APPELLE **ZANZA** !

... VOUS L'AVIEZ DEVINÉ.

MAIS JE SUPPOSE QUE...

MOI, KENSHIN HIMURA, LE VAGABOND ...

... JE ME BATTRAI AVEC CE SABRE À LAME INVERSÉE.

EN EFFET. ET TU PEUX OUBLIER...

SINON...

... TES PRINCIPES PACIFISTES ...

!

SON ZANBATÔ N'AURA AUCUN EFFET S'IL N'ARRIVE PAS À TOUCHER SON ADVERSAIRE !

KENSHIN VA N'EN FAIRE QU'UNE BOUCHÉE !

MAIS ...

TU ES AUSSI FORT QUE LA LÉGENDE LE PRÉTEND...

... MAIS DANS SA TRÈS GRANDE RÉSISTANCE AUX COUPS.

COMME LORSQU'IL EST RESTÉ DE MARBRE APRÈS CE COUP SUR LE FRONT !

SA PUISSANCE NE RÉSIDE PAS DANS SA CAPACITÉ À VAINCRE UN GÉANT D'UNE PICHENETTE ...

... NI DANS SON ZANBATÔ...

NOUS AVONS SOUS-ESTIMÉ LA FORCE DE CET HOMME ...

J'AI UN MAUVAIS PRESSENTIMENT ...

166

MAIS CELLE-CI N'A AUCUN EFFET SUR CET HOMME !

JUSQUE-LÀ, KENSHIN A TOUJOURS VAINCU SES ADVERSAIRES FACILEMENT GRÂCE À LA TECHNIQUE DE L'ÉCOLE HITEN MITSURUGI...

... QUI REMPORTERA CE COMBAT...

CE N'EST PAS LE PLUS FORT DE NOUS DEUX...

... MAIS LE PLUS RÉSISTANT !

... À L'ISSUE DU COMBAT !

VOUS ME RÉPÉTEREZ CES PAROLES ...

KENSHIN LE VAGABOND,
DIT BATTOSAÏ HIMURA, FIN DU VOLUME I.

RURÔNI, CHRONIQUE D'UN EXPERT EN SABRE À L'ÈRE MEIJI

●

VOICI UN ÉPISODE INÉDIT PARU DANS LE MAGAZINE "SHÔNEN JUMP". C'EST UN RÉCIT QUI NE S'INSCRIT PAS DANS LA CHRONOLOGIE DES ÉPISODES QUE VOUS VENEZ DE LIRE. JE ME SOUVIENS AVOIR EU BEAUCOUP DE DIFFICULTÉ À CONCLURE L'HISTOIRE EN 31 PAGES. À L'ÉPOQUE, J'AI DESSINÉ CET ÉPISODE AVEC FERVEUR PARCE QUE C'ÉTAIT MA PREMIÈRE PUBLICATION DANS UN MAGAZINE DE RENOM. ET POURTANT, QUAND JE LE REGARDE AUJOURD'HUI... (SILENCE) MON SOUVENIR LE PLUS CUISANT RESTE LE DÉSACCORD AVEC LE RÉDACTEUR EN CHEF À PROPOS DE LA SCÈNE OÙ KENSHIN CHANGE BRUSQUEMENT D'EXPRESSION ET DE LANGAGE AU COURS DU COMBAT. NOUS SOMMES FINALEMENT TOMBÉS D'ACCORD POUR UN LANGAGE POPULAIRE. MAIS POUR CE RECUEIL, J'AI À NOUVEAU MODIFIÉ SA FAÇON DE PARLER. SI SEULEMENT J'AVAIS PU OBTENIR DEUX PAGES SUPPLÉMENTAIRES POUR CETTE SCÈNE DE COMBAT... JE REGRETTE ENCORE AUJOURD'HUI. CET ÉPISODE A REÇU UN TRÈS BON ACCUEIL DU PUBLIC, J'AI REÇU DEUX CENTS LETTRES DE LECTEURS. N'AYANT PAS PU RÉPONDRE À TOUTES, JE PROFITE DE CES QUELQUES LIGNES POUR VOUS REMERCIER.

●

CHIZURU RAIKÔJI

CE PERSONNAGE S'INSPIRE D'UNE FILLE NOMMÉE CHIZURU QUI APPARAÎT DANS "SUGATA SANSHIRÔ", UN ROMAN DE TSUNEO TOMITA. ELLE A UN CARACTÈRE SERVIABLE MAIS NE SE LAISSE PAS FAIRE. J'AI PENSÉ QUE CES ÉLÉMENTS FONCTIONNAIENT PARFAITEMENT POUR UNE ROMANCE. BIEN SÛR, KAORU ET CHIZURU SE RESSEMBLENT BEAUCOUP... CE SONT PEUT-ÊTRE DES JUMELLES ! CHIZURU EST L'UN DE MES PERSONNAGES PRÉFÉRÉS. J'AIMERAIS BIEN LA FAIRE RÉAPPARAÎTRE DANS L'HISTOIRE, UN JOUR...

IL N'EXISTE PAS DE MODÈLE GRAPHIQUE PARTICULIER POUR ELLE. JE VOULAIS SIMPLEMENT DESSINER UNE FILLE EN HAKAMA. LA PROCHAINE SERA PRÊTRESSE, N'EST-CE-PAS, WATSUKI ?

BONUS DE FIN DE VOLUME

ÉPISODE INÉDIT

CHRONIQUE D'UN EXPERT EN SABRE À L'ÈRE MEIJI.

OYO
!?

VOUS TOMBEZ BIEN... MERCI !

OYO ?

TOP

COMMENT ÇA, "OYO" ? JE SUIS UNE JEUNE FILLE POURSUIVIE ET SANS DÉFENSE ! AIDEZ-MOI SI VOUS ÊTES UN HOMME !

OYO

MAIS ...

QUI ES-TU, TOI ?!

SI TU NE VEUX PAS D'ENNUIS, LAISSE-NOUS LA FILLE DE RAIKÔJI !

SHP

ZIP

ET VOUS, ALORS ... ?!

TU VIOLES L'INTERDIC-TION DE PORT DU SABRE !

... TU PORTES UN SABRE ?!

HEIN ?

MON DIEU, TÔKYÔ N'EST VRAIMENT PAS UN HAVRE DE PAIX !

DANS CE CAS...

NOUS NE TE FERONS PAS DE CADEAU !!

TCHAW

NOUS SOMMES DEUX ! TANT PIS POUR TOI !

...EVIENS !

FIiiiiiZ

AH ! MAIS ILS S'ENFUIENT !!

...OYO !

BING !

LÂCHEZ-MOI MAINTENANT, SATYRE !

DÉSOLÉ, MAIS JE NE VOULAIS PAS... EXCUSEZ-MOI.

FIOU !

ILS NE NOUS POURSUIVRONT QUAND MÊME PAS DANS LA VILLE...

VOUS SEMBLEZ ÊTRE UN EXPERT EN SABRE, POURTANT VOUS N'AGISSEZ PAS COMME TEL...

VOUS AVEZ FUI LE COMBAT.

PUISQU'ON POUVAIT L'ÉVITER, CELA VALAIT MIEUX...

OUI, UN SAMOURAÏ VOYAGEUR.

HUM...

D'AILLEURS, JE NE SUIS QU'UN SIMPLE VAGABOND... ET NON UN EXPERT EN SABRE QUI GAGNE SA VIE EN TANT QUE TEL.

CE SABRE NE PEUT PAS TUER.

C'EST HONTEUX, ET EN PLUS VOTRE SABRE VA ROUILLER

CE N'EST PAS GRAVE, VOUS SAVEZ...

AH ? JE CROYAIS QUE LES SAMOURAIS AVAIENT DISPARU DE L'ÈRE MEIJI.

HOP

UN VAGA-BOND ?

HOP

JE NE LES CONNAIS MÊME PAS ! ILS ONT ESSAYÉ DE ME KIDNAPPER !

POUR QUI ME PRENEZ-VOUS ?

VOS PETITS ENNUIS, TOUT À L'HEURE, NE RÉSULTENT-ILS PAS D'UNE HISTOIRE D'AMOUR MAL TERMINÉE ?

PARDON ?!

À PROPOS... J'ESPÈRE QUE ÇA VOUS SERVIRA DE LEÇON : ON NE FRÉQUENTE PAS N'IMPORTE QUI

TAK TAK

SUIVEZ-MOI !

JE NE VOUS EN DEMANDE PAS TANT...

SHH!!

POUR VOUS REMERCIER DE M'AVOIR SAUVÉE, JE VOUS INVITE CHEZ MOI.

EN TOUT CAS, ILS AVAIENT L'AIR DE VRAIMENT BIEN VOUS CONNAÎTRE...

TOUS LES GENS DE CETTE VILLE SAVENT QUE JE SUIS LA FILLE UNIQUE DE LA FAMILLE RAÏKÔJI.

BON, TRÈS BIEN !

...TAP...

EUH...

...TAP...

C'EST PAR LÀ !

BOU !

DÉPÊCHEZ-VOUS !

JE NE SUIS QUE LA PETITE FILLE D'UN RICHE COMMERÇANT INTERNATIONAL.

VOUS AVEZ FIÈRE ALLURE MAIS JE N'AURAIS JAMAIS IMAGINÉ QUE VOUS ÉTIEZ D'UNE AUSSI BONNE FAMILLE.

SHAK

NOUS Y SOMMES.

ENTRONS PAR DERRIÈRE, POUR ÉVITER DE TOMBER SUR MON GRAND-PÈRE.

ÉVITER VOTRE GRAND-PÈRE ?

QU'EST-CE QU'IL Y A ?

...

GRAND-PÈRE !!

QUI EST-CE GARÇON ?

CHIZURU ?

hiii

ZIP

ET MÊME SI CE N'EST QU'UNE APPARENCE ...

VOUS AVEZ L'AIR D'UN EXPERT EN SABRE ...

PARTEZ.

IL M'A SAUVÉE ALORS QUE J'ÉTAIS POURSUIVIE PAR DES VOYOUS... ALORS...

EUH... IL EST BIZARRE MAIS IL N'EST PAS DANGEREUX.

HO HO

IL N'AIME PAS LES SAMOURAÏS, NI LES EXPERTS EN SABRE.

NE FAITES PAS ATTENTION. CELA N'A RIEN DE PERSONNEL ...

OYO !

COMME VOUS VOUS LE PRÉVOYIEZ ...

... IL NE M'APPRÉCIE GUÈRE.

SORTEZ DE CETTE MAISON !

UN HOMME QUI PORTE LE SABRE NE PEUT PAS ÊTRE UN HOMME DE BIEN.

175

... ONT ÉTÉ TUÉS PAR LE SABRE.

SON FILS ET SA BELLE-FILLE...

... C'EST-À-DIRE MES PARENTS ...

ILS ONT ÉTÉ ENTRAÎNÉS DANS DES TROUBLES ENTRE PATRIOTES ET SOLDATS DE L'ANCIEN GOUVERNEMENT, À LA FIN DE L'ÈRE PRÉCÉDENTE.

CELA FAIT PLUS DE DIX ANS, MAIS IL N'A PAS OUBLIÉ...

JE N'ÉTAIS QU'UN BÉBÉ QUAND TOUT CELA EST ARRIVÉ...

MAIS JE N'AI PAS ENVIE DE PLEURER !

VOUS POUVEZ PLEURER DANS MES BRAS.

OH, PAUVRE ENFANT ...

VOILÀ POURQUOI JE NE SUIS PAS TRISTE.

JE NE ME SOUVIENS MÊME PAS DU VISAGE DE MES PARENTS.

IL NE RÉAGIT VRAIMENT PAS COMME UN EXPERT EN SABRE...

OÙ LOGEZ-VOUS ? JE VOUS APPORTERAI CE SOIR.

LAISSEZ-MOI AU MOINS VOUS PRÉPARER UN DÎNER.

OYO ?

NON, NON... IL FERA BIENTÔT NUIT...

MAIS QUE VONT DIRE LES GENS ?

ACCEPTEZ DONC MON OFFRE...

NE SOYEZ PAS TIMIDE !

DES TROUBLES ENTRE PATRIOTES...

ILS ONT ÉTÉ ENTRAÎNÉS DANS DES TROUBLES ENTRE PATRIOTES ET SOLDATS DE L'ANCIEN GOUVERNEMENT, À LA FIN DE L'ÈRE PRÉCÉDENTE...

VAGABOND !

... ILS ONT ÉTÉ TUÉS PAR LE SABRE...

IL M'AVAIT DIT : "JE DORS SOUS LE PONT D'ARAKAWA FAUTE DE MOYENS"...

OÙ ÊTES-VOUS ?

MAIS IL Y A BEAUCOUP DE PONTS QUI ENJAMBENT LE FLEUVE ARAKAWA.

...

ÊTES-VOUS...

AMÈNE L'OTAGE AU CHEF !

ZOOOF

DÔN

AÏE !

MOI, JE VAIS DÉPOSER LA LETTRE CHEZ RAIKÔJI.

... MAIS ON A DE LA CHANCE.

JE CROYAIS QUE C'ÉTAIT RATÉ POUR AUJOURD'HUI À CAUSE DE L'AUTRE RIGOLO, TOUT À L'HEURE ...

VOUF

AH...

ELLE EST VENUE, J'EN SUIS SÛR...

J'AI ENTENDU SA VOIX ...

... LA VIE DE LÀ FILLE SERA ÉPARGNÉE EN ÉCHANGE DE MILLE YENS. APPORTEZ CET ARGENT À L'ANCIEN TEMPLE SITUÉ SUR LA COLLINE RYÛZAN KYÛRYÛ, AVANT LE LEVER DU SOLEIL ...

... NOUS NE SOMMES CEPENDANT PAS DES DÉMONS, MAIS DES HOMMES DE CHARITÉ ...

"MUNEIWA RAIKÔJI, COMMERÇANT INTERNATIONAL. CET HOMME S'EST ENRICHI GRÂCE AU COMMERCE AVEC LES ÉTRANGERS. IL A AINSI SOUILLÉ LA SAINTE TERRE DU JAPON ...

...

... EN CAS DE REFUS, LA PETITE SERA EXÉCUTÉE. GROUPE DE TENKAI, SAMOURAÏS DE SHINSHÛ."

SA PETITE FILLE PAIERA POUR SON CRIME. C'EST UNE PUNITION DIVINE ...

ILS SERAIENT DONC D'ANCIENS SAMOURAÏS OPPOSÉS AU GOUVERNEMENT ACTUEL.

PLUS DE DIX ANS ONT PASSÉ, ET ILS CONTINUENT DE PERPÉTRER LEURS CRIMES !!

ENCORE DES SAMOURAÏS !

VLA

MA VIE IMPORTE PEU ! JE SACRIFIERAI TOUT POUR SAUVER MA PETITE FILLE !

NOUS N'AVONS PAS DE TEMPS À PERDRE !

J'Y VAIS !! ÉCARTEZ-VOUS !

WOOOOO

NOUS ALLONS ÉLABORER NOTRE PLAN EN FONCTION DES RAPPORTS DE NOS ÉCLAIREURS.

JE SUIS MOI-MÊME DESCENDANT DE SAMOURAÏS, ET CELA ME BLESSE CRUELLEMENT.

ARRÊTEZ ! VOUS ALLEZ RISQUER VOTRE VIE !

VOTRE PETITE FILLE A PERDU SES PARENTS, MAIS ELLE N'EN ÉPROUVE AUCUNE TRISTESSE PARCE QU'ELLE N'ÉTAIT ENCORE QU'UN BÉBÉ...

SI VOUS LA QUITTEZ MAINTENANT, QUE VA-T-ELLE DEVENIR ?

TAK!

AH!

NE DITES PAS DES CHOSES PAREILLES...

HUM, L'ANCIEN TEMPLE SUR LA COLLINE DE...

!!

AH!

DÉTAIL IMPORTANT : NE SACRIFIEZ PAS VOTRE VIE.

PAR OÙ ?

PAR LA PORTE, BIEN SÛR.

HÉ

DEPUIS QUAND ES TU LÀ ?

JE VIENS JUSTE D'ARRIVER !

EN OUTRE ...

... JE VEUX AUSSI VOUS ÉPARGNER LE CHAGRIN...

... DE PERDRE À NOUVEAU QUELQU'UN QUE VOUS AIMEZ.

ELLE VIVRAIT SEULE DANS UNE PROFONDE TRISTESSE ...

IL FAUT ABSOLUMENT ÉVITER QUE CELA N'ARRIVE.

ARRÊTEZ CET HOMME ! IL VA ARRIVER MALHEUR À CHIZURU !

NON ! NE LE LAISSEZ PAS PARTIR SEUL !

AH

CET HOMME ...

EXCUSEZ-MOI.

JE NE PEUX PAS ME TROMPER, IL A UNE CICATRICE CRUCIFORME SUR LA JOUE GAUCHE...

POURTANT CETTE VOIX, ET CES CHEVEUX ROUX EN BATAILLE...

SON REGARD A COMPLÈTEMENT CHANGÉ...

CE NE PEUT ÊTRE QUE LUI

C'EST L'HOMME DE CET APRÈS-MIDI !

MLLE CHIZURU EST-ELLE...

... SAINE ET SAUVE ?

TU N'AS PAS L'AIR D'ÊTRE UN POLICIER...

TU ES UN HOMME DE MAIN DU VIEUX RAIKÔJI, JE PRÉSUME ?

ATTENDS UN PEU...

COMMENT NOUS AS-TU RETROUVÉS ? EUH, NON... QUE FAIS-TU LÀ ?

HUMMMM !! (CE N'EST PAS ÇA !)

OH, TOUT VA BIEN, ENCORE UN PEU DE PATIENCE...

MUMHM ! (SINON TU VAS MOURIR !)

MMMM ! (FUIS)

LA SEULE CONDITION POUR SE JOINDRE À NOUS EST D'ÊTRE SAMOURAÏ.

ON A BESOIN DE BRAS POUR RENVERSER LE GOUVERNEMENT ET CHASSER LES ÉTRANGERS DE NOTRE SOL.

ALORS TU TIENS VRAIMENT À TE BATTRE SEUL CONTRE NOUS ?

BON, VOILÀ CE QUE JE TE PROPOSE...

SI TU PRÊTES SERMENT, TU POURRAS TE JOINDRE À NOTRE GROUPE.

NOUS SOMMES TOUS DES SAMOURAÏS RUINÉS. NOUS AVONS TOUT PERDU LORS DE LA RESTAURA-TION DE MEIJI...

LE FAIT DE PORTER UN SABRE DANS L'ÈRE MEIJI PROUVE QUE TU ES UN SAMOURAÏ SANS AVENIR AUJOURD'HUI.

UNISSONS NOS FORCES.

TU VOIS ? NOUS SOMMES DU MÊME MOULE.

JE NE SUIS PAS ...

... COMME VOUS.

IL NE...

!!

RIEN N'EST PIRE QUE CEUX QUI RESSASSENT LE PASSÉ ET GARDENT RANCUNE À CEUX QUI ONT RÉUSSI.

SOUS LE PRÉTEXTE DE RÉFORMES POLITIQUES ET D'ARGUMENTS NATIONALISTES, VOUS FAITES CHANTER LES GENS POUR DE L'ARGENT.

TOUT CE MONDE POUR KIDNAPPER UNE SEULE FILLE... C'EST LAMENTABLE.

ZIP

VOUS N'ÊTES QU'UNE BANDE DE VOYOUS.

PFF, LE GROUPE DE KAITEN ? RIDICULE !

SALE TYPE ...

TU VAS TE...

ÇA SUFFIT !!!

TCHAC

TU AS LARGEMENT DÉPASSÉ NOTRE SEUIL DE TOLÉRANCE !

!!

TU VAS REGRETTER TES PAROLES !

IL EST TROP TARD POUR TENTER DE M'ARRÊTER.

JE NE VAIS PAS TE MÉNAGER...

...SHHH...

TOUT LE MONDE SUR LES LIEUX !!

EN PLEINE ÈRE MEIJI, UNE JUSTICE PRIVÉE NE PEUT ÊTRE TOLÉRÉE, MÊME CONTRE DES MALFAITEURS !

!!

JE TE FÉLICITE POUR TA TECHNIQUE.

TU LES AS ÉLIMINÉS D'UN SEUL COUP.

...

CORIACE, HEIN ?

FLOP

SSHHHI

AUCUN SABRE MÊME DE VENOM NE PEUT...

C'EST EXACT. UNE ŒUVRE RARE ET TRÈS SOLIDE.

C'EST UNE ARMURE DE FER NOIR...

... TU NE PEUX PAS ME BATTRE !!

MALHEU-REUSE-MENT...

NOOF

KL AW

ZiiiiF

... M'ATTEINDRE !!

SI J'AI TUÉ...

TCHAC

... CE N'ÉTAIT SÛREMENT PAS POUR LE PLAISIR...

TOUT LE MONDE EST VIVANT, CHEF !

ILS SOUFFRENT DE FRACTURES MULTIPLES MAIS PERSONNE N'EST EN DANGER !!

NOUS AVONS AFFAIRE À BATTOSAÏ L'ASSASSIN...

CE N'EST PAS POSSIBLE...

FOIZ

N'EN PROFITEZ PAS TROP !

OH, PAUVRE ENFANT ! VOUS AVEZ PERDU LA VOIX TANT VOUS AVEZ EU PEUR.

...

VOUS ALLEZ BIEN, MLLE CHIZURU ?

198

... DISPARUT DÈS LA PROCLAMATION DE LA PAIX.

CET HOMME, UN TUEUR SANS ÉGAL...

À L'ÉPOQUE TOURMENTÉE DE LA FIN DE L'ÈRE EDO...

... À TÔKYÔ...

LE TEMPS PASSA... POURTANT, EN 1878...

EXISTAIT À KYÔTO UN PATRIOTE APPELÉ BATTOSAÏ L'ASSASSIN.

HI HI

Ne sait-il pas que le ruban est destiné aux femmes ?

OYO ?

MAIS CELA LUI VA BIEN.

REGARDE, IL PORTE UN RUBAN !

HA HA HAHA

... UN EXPERT EN SABRE, UNE SORTE DE VAGABOND ...

... ERRAIT DANS LA NOUVELLE ÈRE.

AU FAIT..!

HUM, IL DOIT AVOIR AU MOINS 30 ANS...

MAIS S'IL ÉTAIT PATRIOTE À LA FIN DE L'ÈRE EDO, QUEL ÂGE PEUT-IL BIEN AVOIR ?

KENSHIN, CHRONIQUE D'UN EXPERT EN SABRE À L'ÈRE MEIJI, FIN DU PREMIER TOME.

CHEZ LE MÊME ÉDITEUR

COLLECTION MANGA

✪ DRAGON BALL
(Akira Toriyama)

Tome 1 : Sangoku
Tome 2 : Kaméhaméha
Tome 3 : L'initiation
Tome 4 : Le tournoi
Tome 5 : L'ultime combat
Tome 6 : L'empire du ruban rouge
Tome 7 : La menace
Tome 8 : Le duel
Tome 9 : Sangohan
Tome 10 : Le miraculé
Tome 11 : Le grand défi
Tome 12 : Les forces du mal
Tome 13 : L'empire du chaos
Tome 14 : Le démon
Tome 15 : Chi-Chi
Tome 16 : L'héritier
Tome 17 : Les Saïyens
Tome 18 : Maître Kaïo
Tome 19 : Végéta
Tome 20 : Yajirobé
Tome 21 : Monsieur Freezer
Tome 22 : Zabon et Doria
Tome 23 : Recoom et Guldo
Tome 24 : Le capitaine Ginue
Tome 25 : Piccolo
Tome 26 : Le petit Dendé
Tome 27 : Le super Saïyen
Tome 28 : Trunks
Tome 29 : Les Androïdes
Tome 30 : Réunification
Tome 31 : Cell
Tome 32 : Transformation ultime
Tome 33 : Le défi
Tome 34 : Le combat final de Sangoku
Tome 35 : L'adieu de Sangoku
Tome 36 : Un nouveau héros

✪ L'APPRENTI MANGA-KA
(Akira Toriyama)

✪ HISTOIRES COURTES
(Akira Toriyama)

Tome 1
Tome 2

✪ Dr SLUMP
(Akira Toriyama)

Tome 1
Tome 2
Tome 3
Tome 4
Tome 5
Tome 6
Tome 7
Tome 8
Tome 9
Tome 10
Tome 11
Tome 12
Tome 13
Tome 14
Tome 15
Tome 16
Tome 17
Tome 18

✪ NORITAKA
(Murata/Hamori)

Tome 1
Tome 2
Tome 3
Tome 4
Tome 5
Tome 6
Tome 7
Tome 8
Tome 9
Tome 10
Tome 11
Tome 12
Tome 13
Tome 14
Tome 15
Tome 16
Tome 17
Tome 18

✪ NEON GENESIS EVANGELION
(Yoshiyuki Sadamoto)

Tome 1
Tome 2
Tome 3
Tome 4

✪ BLACK JACK
(Osamu Tezuka)

- Tome 1
- Tome 2
- Tome 3
- Tome 4
- Tome 5
- Tome 6
- Tome 7
- Tome 8

✪ ROi LÉO
(Osamu Tezuka)

- Tome 1
- Tome 2
- Tome 3

✪ ASTROBOY
(Osamu Tezuka)

- Tome 1
- Tome 2
- Tome 3
- Tome 4
- Tome 5
- Tome 6
- Tome 7
- Tome 8

✪ KENSHiN
(Nobuhiro Watsuki)

- Tome 1
- Tome 2
- Tome 3
- Tome 4

COLLECTiON KAMÉHA

✪ MERMAiD FOREST
(Rumiko/Takahashi)

✪ PiNEAPPLE ARMY
(urasawa/kudo)

✪ SANCTUARY
(ikegami/Fumimura)

- Tome 1
- Tome 2

✪ ZED
(Okada/Otomo)

✪ STRiKER
(Minagawa/Fujiwara)

- Tome 1
- Tome 2

✪ CRYiNG FREEMAN
(ikegami/Koike)

- Tome 1
- Tome 2

✪ VERSiON
(Hisashi Sakaguchi)

✪ iKKYU
(Hisashi Sakaguchi)

- Tome 1
- Tome 2
- Tome 3
- Tome 4

✪ NEXT STOP
(Atsushi Kamijo)

- Tome 1
- Tome 2

✪ RAïKA
(Terashima/Fujiwara)

- Tome 1
- Tome 2
- Tome 3
- Tome 4

TOUS LES NUMÉROS
«MANGA»

AU
08.36.68.28.82

OU
08.36.69.69.96

2,23 F TTC/MN

LE CLUB MANGA :

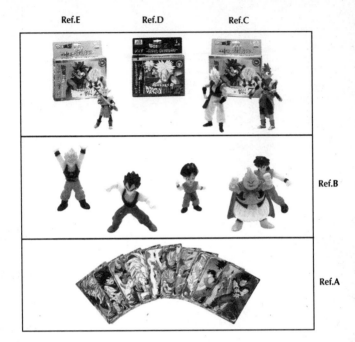

Ref.E   Ref.D   Ref.C

Ref.B

Ref.A

CHOISIS TON CADEAU !

Je choisis mon cadeau en l'indiquant sur la carte à points à découper sur la couverture :

✪ Une pochette de 3 cartes Jumbo Dragon Ball Z :   Ref. A - 40 points

✪ Les 5 figurines Dragon Ball Z (H. : 4 cm env.) :   Ref. B - 80 points

✪ Le kit à assembler statuette Dragon Ball Z (H. : 15 cm env.) :   Ref.C - 100 points

✪ Le kit à assembler statuette Dragon Ball Z (H. : 15 cm env.) :   Ref.D - 100 points

✪ Le kit à assembler statuette Dragon Ball Z (H. : 10 cm env.) :   Ref.E - 100 points

**Je participe au prochain grand tirage au sort avec
100 super cadeaux surprise à gagner.
(Tirage au sort en décembre et en juin de chaque année).**